AF345389

مسلمان عورت کا پردہ اور لباس

از:

مقصود الحسن فیضی

شیخ الاسلام امام ابن تیمیہؒ کی ایک نادر کتاب

حجاب المراۃ المسلمۃ و لباسھا فی الصلاۃ

کی اردو ترجمانی

نظر ثانی و تقدیم: صفی الرحمٰن مبارکپوری

مراجعہ: مشتاق احمد کریمی

کتاب	:	مسلمان عورت کا پردہ اور لباس
مصنف	:	مقصود الحسن فیضی
صنف	:	مذہب
ناشر	:	تعمیر پبلی کیشنز (حیدرآباد، انڈیا)
زیر اہتمام	:	تعمیر ویب ڈیولپمنٹ، حیدرآباد
سالِ اشاعت	:	۲۰۲۳ء
تعداد	:	(پرنٹ آن ڈیمانڈ)
طابع	:	تعمیر پبلی کیشنز، حیدرآباد – ۲۴
صفحات	:	۷۲
سرِ ورق ڈیزائن	:	تعمیر ویب ڈیزائن

پیش لفظ

بقلم الشیخ صفی الرحمٰن المبارکفوری

الــحــمــد لله ، والصلاة والسلام علی عبده ورسوله المصطفی، وعلی آله وصحبه ومن والاه ، أما بعد:

عورت کے لئے پردہ اسلامی شریعت کا ایک واضح حکم ہے- اور اس کا مقصد بھی بالکل واضح ہے- اسلام نے انسانی فطرت کے عین مطابق یہ فیصلہ کیا ہے کہ عورت اور مرد کے تعلقات پاکیزگی، صفائی اور ذمہ داری کی بنیادوں پر استوار ہوں- اور اس میں کہیں کوئی خلل در نہ آنے پائے-

اس لئے اس نے زنا اور اس کے اسباب ودواعی پر مکمل قدغن لگائی ہے- کیونکہ یہ تکمیل خواہشات کا خالص حیوانی ذریعہ ہے- جس میں طہارت اور ذمہ داری کی ادنیٰ سی بھی جھلک موجود نہیں۔ بلکہ یہ جسمانی اور روحانی آفات کا سرچشمہ ہے۔

اسلام نے زنا کی اس برائی کے سدّ باب کے لئے تین تدبیریں اختیار کی ہیں۔

۱- ربانی ارشاد وہدایت اور نبوی وعظ وتذکیر، اس کا بیان کتاب اللہ کی آیات اور سنت رسول ﷺ کے مختلف ابواب میں نہایت موثر اور بلیغ انداز سے موجود ہے۔ کہیں عفت وعصمت پر بہترین اجر وانعام کا ذکر ہے تو کہیں فحش کاری پر وعید شدید۔

۲- حدود اور سزائیں جس کے تحت غیر شادی شدہ زانی کو سو کوڑے مارنے اور شادی شدہ زانی کو سنگسار کرنے کا انتہائی شدید ترین حکم ہے۔

3

۳- غیر محرم مرد وعورت کی ایک دوسرے سے مکمل علیحدگی، اور ان کے باہمی اختلاط پر دوٹوک پابندی۔ اسی پابندی کا حصہ یہ ہے کہ اگرعورت کو گھر سے باہر نکلنا، اور اجنبی مردوں کے سامنے سے گذرنا پڑے تو وہ پردہ کرلے۔

چونکہ چہرہ حسن وقبح کا اصل معیار ہے، اور اس پر ابھرنے والے تاثرات دلی جذبات واحساسات کی ترجمانی کرتے ہیں۔ اورنگاہ پیغام رسانی کا کام انجام دیتی ہے۔ بلکہ خفتہ جذبات واحساسات کو ابھارتی بھی ہے۔ اس لئے پردے کے حکم کا اولین نشانہ یہ ہے کہ چہرہ نگاہوں سے اوجھل رہے۔ اور نگاہ، نگاہ سے ٹکرانے نہ پائے۔

مگر یہ عجیب ستم ظریفی ہے کہ علماء نے سب سے بڑھ کر اسی مسئلہ میں اختلاف کیا ہے۔ اور بہت سے پرجوش لوگوں نے اس بے احتیاطی کو عین منشائے اسلام قرار دیا ہے۔ اور اس کے لئے عجیب وغریب "دلائل" پیش کئے ہیں۔ چنانچہ ایک دلیل یہ پیش کی جاتی ہے کہ عورت کو حالت نماز میں چہرے اور ہاتھ کھلا رکھنے کی اجازت ہے۔ انہیں ڈھانپنے کا حکم نہیں دیا۔ اس لئے یہ دونوں پردے کے دائرے سے خارج ہیں۔

حالانکہ اگر غور کیا جائے تو یہ بالکل بے تکی دلیل ہے۔ کیونکہ نماز کی ستر پوشی ایک الگ چیز ہے، اور انسانوں سے پردہ الگ چیز۔ بسا اوقات نماز میں ایک چیز کے پردے کا حکم ہے، مگر انسانوں سے اس کے پردے کا حکم نہیں۔ مثلاً مرد کو نماز میں کندھے ڈھانپنے کا حکم ہے۔ مگر انسانوں کے سامنے نہیں۔ بس اسی کے برعکس یہ

بھی ہوسکتا کہ نماز میں ایک چیز کے پردے کا حکم نہ ہو اور انسانوں کے سامنے ہو۔ درحقیقت نماز میں ستر کا حکم کچھ اور مقاصد رکھتا ہے اور انسانوں سے پردے کا حکم کچھ اور ہی مقاصد رکھتا ہے۔ لہٰذا ایک دوسرے پر قیاس نہیں کر سکتے۔

پیشِ نظر رسالہ میں۔ جو شیخ الاسلام امام ابن تیمیہ رحمۃ اللہ علیہ کی بعض تحریروں سے مقتبس ہے۔ اس نکتے کو بالخصوص بڑے مدلل اور جامع انداز سے بیان کیا گیا ہے۔ اور جیسا کہ امام موصوف کی علمی بیکرانی کا خاص اور معروف انداز ہے یہ بیان اپنے دامن میں دوسرے بہت سے بے بہا علمی افادات کے ہیرے، جواہرات بھی لئے ہوئے ہے۔ جن سے استفادے کے لئے دیدہ ریزی مطلوب ہے۔ توقع ہے کہ یہ رسالہ قارئین کے لئے اس مسئلہ میں مشعلِ راہ ثابت ہوگا۔

وبید اللہ التوفیق

صفی الرحمٰن المبارکپوری

مرکز خدمۃ السنۃ والسیرۃ النبویۃ

الجامعۃ الاسلامیۃ، المدینۃ المنورۃ

نماز کا لباس

اس سے مراد وہ لباس ہے جو نماز کے وقت اختیار کیا جاتا ہے۔ اور جسے فقہاء نماز میں ستر کے بیان کا نام دیتے ہیں۔ فقہاء کی ایک جماعت کا خیال ہے کہ نماز میں جو اعضاء چھپانے ہیں وہ وہی ہیں جنہیں دوسروں کی نظروں سے چھپانا ہے یعنی "عورۃ"[1] یا شرمگاہ ، چنانچہ انہوں نے نماز میں ستر کی حدود درج ذیل آیت سے لی ہے۔

﴿ وَلَا یُبْدِیْنَ زِیْنَتَهُنَّ اِلَّامَا ظَهَرَ مِنْهَا وَلْیَضْرِبْنَ بِخُمُرِهِنَّ عَلیٰ جُیُوبِهِنَّ ﴾ (النور، ۳۱)

یعنی عورتیں اپنی زینت ظاہر نہ کریں مگر جو خود بخود ظاہر ہو جائے اور وہ اپنے دوپٹے اپنے گریبانوں پر ڈال لیں۔[2]

---

[1] "عورۃ" سے مراد واجب ستر حصہ ہے۔ مرد کی "عورۃ" ناف سے لے کر گھٹنہ تک ہے۔ اور عورت کی "عورۃ" چہرہ اور ہاتھ کے سوا سارا جسم ہے۔ (نورانی)

۲- پوری آیت اس طرح ہے:

﴿ وَلَا یُبْدِیْنَ زِیْنَتَهُنَّ اِلَّامَا ظَهَرَ مِنْهَا وَلْیَضْرِبْنَ بِخُمُرِهِنَّ عَلیٰ جُیُوبِهِنَّ وَلَا یُبْدِیْنَ زِیْنَتَهُنَّ اِلَّا لِبُعُوْلَتِهِنَّ اَوْ اٰبَآئِهِنَّ اَوْ اٰبَآءِ بُعُوْلَتِهِنَّ اَوْ اَبْنَآئِهِنَّ اَوْ اَبْنَآءِ بُعُوْلَتِهِنَّ اَوْ اِخْوَانِهِنَّ اَوْ بَنِیْ اِخْوَانِهِنَّ اَوْ بَنِیْ اَخَوَاتِهِنَّ اَوْ نِسَآئِهِنَّ اَوْ مَا مَلَكَتْ اَیْمَانُهُنَّ اَوِ التّٰبِعِیْنَ غَیْرِ اُولِی الْاِرْبَةِ مِنَ الرِّجَالِ اَوِ الطِّفْلِ الَّذِیْنَ لَمْ یَظْهَرُوْا عَلیٰ عَوْرٰتِ النِّسَآءِ وَلَا یَضْرِبْنَ بِاَرْجُلِهِنَّ لِیُعْلَمَ مَا یُخْفِیْنَ مِنْ زِیْنَتِهِنَّ وَتُوْبُوآ اِلَی اللّٰهِ جَمِیْعاً اَیُّهَ الْمُؤْمِنُوْنَ لَعَلَّكُمْ تُفْلِحُوْنَ ﴾ (النور: ۳۱)

پھر فرمایا:

﴿وَلَا يُبْدِيْنَ زِيْنَتَهُنَّ اِلَّا لِبُعُوْلَتِهِنَّ﴾ (النور ۳۱)

اور اپنی زینت ظاہر نہ کریں مگر اپنے شوہروں کے لئے۔

ظاہری زینت کی تفصیل میں سلف کے دوقول ہیں۔

۱- حضرت عبداللہ بن مسعود رضی اللہ عنہ اور ان کے موافقین کا خیال ہے کہ اس سے مراد کپڑے وغیرہ ہیں۔

۲- حضرت عبداللہ بن عباس رضی اللہ عنہما اور ان کے موافقین کا خیال ہے کہ اس سے مراد چہرہ اور ہاتھ میں موجود زینتیں ہیں جیسے سرمہ، انگوٹھی وغیرہ۔

ان دو تفسیروں کی بنا پر فقہاء کی رائے ہے کہ نامحرم عورت کے ہاتھ اور چہرے کو بغیر شہوت کے دیکھنا جائز ہے۔ امام ابوحنیفہ اور امام شافعی رحمہما اللہ کا یہی مسلک ہے اور امام احمد بن حنبل رحمہ اللہ کا بھی ایک قول یہی ہے۔

....

"اور عورتیں اپنی زینت ظاہر نہ کریں مگر اپنے شوہروں کے سامنے اور اپنے باپ اور اپنے شوہروں کے باپ اور اپنے شوہروں کے بچوں، اپنے بھائی، اپنے بھتیجوں، اپنے بھانجوں، اپنی عورتوں، اپنے غلاموں اور گھر میں کام کاج کرنے والے مردوں کے سامنے جن کو عورتوں کی خواہش نہیں۔ یا ایسے نابالغ بچوں کے سامنے جو ابھی تک عورتوں کے بارے میں کچھ جانتے ہی نہیں۔"

نیز عورتیں چلتے ہوئے اپنے پیروں کو زور سے زمین پر نہ ماریں کہ اس سے ان کی چھپی ہوئی زینت معلوم ہو۔

مسلمانو! تم سب اللہ تعالیٰ کی طرف پلٹ جاؤ تا کہ تمہیں کامیابی نصیب ہو۔

بعض دوسرے فقہاء کی رائے ہے کہ نامحرم عورت کی طرف دیکھنا جائز نہیں ۔ امام احمد بن حنبل رحمہ اللہ کا مشہور مذہب یہی ہے۔وہ فرماتے ہیں کہ عورت پوری کی پوری حتیٰ کہ اس کے ناخن بھی چھپانے کی چیز ہیں، امام مالک رحمہ اللہ کا بھی یہی مسلک ہے۔

امر واقعہ یہ ہے کہ اللہ تبارک وتعالیٰ نے عورتوں کو دوقسم کی زینتوں سے نوازا ہے۔ ایک ظاہری زینت اور دوسری باطنی ۔ اللہ تبارک وتعالیٰ نے محرم اور شوہروں کے علاوہ عام آدمیوں کے سامنے ظاہری زینت کے ساتھ آنے کی اجازت دی ہے البتہ باطنی زینت صرف شوہر اور محرم رشتہ داروں کے سامنے کرنے کی اجازت ہے۔ آیتِ حجاب نازل ہونے سے پہلے عورتیں بغیر چادر اوڑھے باہر نکلا کرتی تھیں اور مرد ان کے چہرے اور ہاتھ دیکھ سکتے تھے ۔ اس وقت عورت کے لئے اپنے چہرے اور ہاتھ کھلے رکھنا جائز تھا اور اس لئے ان کی طرف مردوں کا دیکھنا بھی جائز تھا ۔ پھر جب اللہ تبارک وتعالیٰ نے آیت حجاب نازل فرمائی تو مسلمان عورتیں غیر محرم مردوں سے پردہ کرنے لگیں۔ آیتِ حجاب یہ ہے۔

﴿يَآ أَيُّهَا النَّبِيُّ قُلْ لِأَزْوَاجِكَ وَبَنٰتِكَ وَنِسَاءِ الْمُؤْمِنِيْنَ يُدْنِيْنَ عَلَيْهِنَّ مِنْ جَلَابِيْبِهِنَّ﴾ (احزاب: ۵۹)

اے نبیﷺ آپ اپنی بیویوں ، بیٹیوں، اور مسلمانوں کی عورتوں سے کہہ دیں کہ اپنی چادروں سے گھونگھٹ نکال لیا کریں۔

یہ واقعہ اس وقت کا ہے جب نبی کریمﷺ نے حضرت زینب بنت جحش سے

نکاح کیا تھا!

....

لے علامہ البانی رحمہ اللہ نے یہاں پر نوٹ لگایا ہے کہ : یہ بات سابقہ گفتگو سے میل نہیں کھاتی ۔

حضرت زینب بنت جحش رضی اللہ عنہا سے نکاح کے وقت مذکورہ بالا آیت نازل نہیں ہوئی بلکہ اس وقت جو آیت نازل ہوئی وہ یہ ہے:

﴿ يٰاَيُّهَا الَّذِيْنَ اٰمَنُوْا لَا تَدْخُلُوْا بُيُوْتَ النَّبِيِّ اِلَّا اَنْ يُّؤْذَنَ لَكُمْ اِلٰى طَعَامٍ غَيْرَ نٰظِرِيْنَ اِنٰهُ وَلٰكِنْ اِذَا دُعِيْتُمْ فَادْخُلُوْا فَاِذَا طَعِمْتُمْ فَانْتَشِرُوْا وَلَا مُسْتَأْنِسِيْنَ لِحَدِيْثٍ اِنَّ ذٰلِكُمْ كَانَ يُؤْذِى النَّبِيَّ فَيَسْتَحْيٖ مِنْكُمْ وَاللّٰهُ لَا يَسْتَحْيٖ مِنَ الْحَقِّ وَاِذَا سَاَلْتُمُوْهُنَّ مَتَاعاً فَسْئَلُوْهُنَّ مِنْ وَّرَآءِ حِجَابٍ ﴾(احزاب: ٥٣)

"اے اہل ایمان! نبی ﷺ کے گھروں میں بغیر اجازت نہ داخل ہو۔ ہاں ! اگر تمہیں کھانے پر بلایا جائے تو جاؤ لیکن اس کے پکنے کا انتظار نہ کرو بلکہ جب بلایا جائے تو جاؤ اور کھانے کے بعد بکھر جاؤ کسی بات کی دلچسپی میں نہ لگو کیوں کہ اس سے نبی ﷺ کو تکلیف ہوتی ہے اور وہ شرم کی وجہ سے تمہیں کچھ نہیں کہتے۔ لیکن اللہ حق بات کہنے سے نہیں شرماتا۔ اور جب امہات المومنین سے کوئی چیز مانگو تو پردے کی اوٹ سے مانگو۔

یہ وہ آیت ہے جو حضرت زینب بنت جحش رضی اللہ عنہا سے نکاح کے وقت نازل ہوئی، دیکھئے صحیح البخاری کتاب التفسیر ، صحیح مسلم کتاب النکاح، تفسیر ابن کثیر ٥٠٣/٣، تفسیر الدر المنثور ٣١٣/٥، ہو سکتا ہے کہ یہ آیت مصنف رحمہ اللہ سے یا ناسخ سے ساقط ہو گئی ۔ اور یہی دوسری صورت زیادہ قرین قیاس ہے۔

نبی صلی اللہ علیہ وسلم نے اس وقت پردہ لٹکا دیا اور حضرت انس بن مالک رضی اللہ عنہ کو دیکھنے سے منع فرما دیا!۔

۷۔ حضرت انس رضی اللہ عنہ سے مروی ہے کہ جب اللہ کے رسول صلی اللہ علیہ وسلم نے حضرت زینب بنت جحش رضی اللہ عنھا کی شادی میں گوشت اور روٹی کا ولیمہ کیا تو مجھے لوگوں کو بلانے پر کھانے کے لئے بھیجا، لوگ جماعت در جماعت آئے اور کھا کر واپس چلے گئے حتیٰ کہ اب کوئی ایسا شخص باقی نہ بچا جسے میں بلاتا۔ آپ صلی اللہ علیہ وسلم سے میں نے عرض کیا کہ اب کوئی ایسا شخص باقی نہیں ہے جسے کھانے پر بلایا جائے، آپ صلی اللہ علیہ وسلم نے دسترخوان اٹھانے کا حکم دیا، لیکن تین شخص بیٹھے باتیں کرتے رہے، آپ صلی اللہ علیہ وسلم وہاں سے نکلے اور حضرت عائشہ رضی اللہ عنھا کے حجرے تک تشریف لے گئے آپ صلی اللہ علیہ وسلم نے سلام کیا اور حضرت عائشہ رضی اللہ عنھا نے جواب دیا اور عرض گذار ہوئیں کہ آپ نے اپنی بیوی کو کیسا پایا، اللہ آپ پر اپنی برکت نازل فرمائے۔ اس طرح آپ نے یکے بعد دیگرے اپنی تمام ازواج مطہرات کے حجروں کا چکر لگایا اور ہر ایک نے وہی کچھ کہا جو حضرت عائشہ رضی اللہ عنھا نے کہا۔ پھر واپس ہوئے اور دیکھا کہ ابھی تک وہ تینوں آدمی بیٹھے ہوئے ہیں۔ آپ صلی اللہ علیہ وسلم بہت ہی شرمیلے تھے آپ پھر یہاں سے نکلے اور حضرت عائشہ رضی اللہ عنھا کے پاس تشریف لے گئے۔ معلوم نہیں میں نے آپ کو بتلایا یا کسی اور ذریعہ سے آپ صلی اللہ علیہ وسلم کو ان لوگوں کے نکل جانے کی اطلاع ملی۔ پھر آپ صلی اللہ علیہ وسلم واپس تشریف لائے اور ابھی آپ نے اپنا ایک پاؤں دروازے کی چوکھٹ پر رکھا تھا اور دوسرا باہر ہی تھا کہ میرے اور اپنے بیچ میں آپ صلی اللہ علیہ وسلم نے پردہ لٹکا لیا اور آیت حجاب نازل ہوئی۔ صحیح البخاری: ۴۷۹۳ کتاب التفسیر باب لا تدخلوا بیوت النبی إلا ان یوذن لکم۔

صحیح مسلم: ۱۴۲۸ کتاب النکاح باب زواج زینب بنت جحش ونزول الحجاب۔

نوٹ : یہ حدیث صحیحین میں متعدد بار مختصر ومطول منقول ہے ان تمام الفاظ کو جامع الاصول ج ۲، ۳۱۱ تا ۳۱۶ میں دیکھا جاسکتا ہے۔(مترجم)

اور غزوہ خیبر کے موقعہ پر جب رسول اللہ ﷺ نے حضرت صفیہ رضی اللہ عنہا کو اپنے لئے منتخب فرمایا تو صحابہ کرام نے آپس میں باتیں کیں۔ اور کہنے لگے اگر آپ نے انہیں پردہ کرایا تو امہات المومنین میں سے ہیں ورنہ لونڈی ہیں۔ چنانچہ آپ ﷺ نے انہیں پردہ کرا دیا!۔

....

ا۔ یہ ایک لمبی حدیث ہے جسے امام بخاری رحمہ اللہ نے صحیح البخاری میں متعدد جگہ اجمالاً وتفصیلاً نقل کیا ہے۔ ہم یہاں پر کتاب النکاح سے مختصراً نقل کرتے ہیں۔

حضرت انس بن مالک رضی اللہ عنہ فرماتے ہیں کہ:

"أَقَامَ النَّبِيُّ ﷺ بَيْنَ خَيْبَرَ وَالْمَدِينَةِ ثَلَاثًا، يُبْنَى عَلَيْهِ بِصَفِيَّةَ بِنْتِ حُيَيٍّ ، فَدَعَوْتُ الْمُسْلِمِينَ إِلَى وَلِيمَةٍ، فَمَا كَانَ فِيهَا خُبْزٌ وَلَا لَحْمٌ، أَمَرَ بِالْأَنْطَاعِ فَأُلْقِيَ فِيهَا مِنَ التَّمْرِ وَالْاِقِطِ وَالسَّمَنِ فَكَانَتْ وَلِيمَتَهُ، فَقَالَ الْمُسْلِمُونَ: إِحْدَى أُمَّهَاتِ الْمُؤْمِنِينَ ، أَوْ مِمَّا مَلَكَتْ يَمِينُهُ؟ فَقَالُوا: إِنْ حَجَبَهَا فَهِيَ مِنْ أُمَّهَاتِ الْمُؤْمِنِينَ وَإِنْ لَمْ يَحْجُبْهَا فَهِيَ مِمَّا مَلَكَتْ يَمِينُهُ. فَلَمَّا ارْتَحَلَ وَطَّى لَهَا خَلْفَهَا وَمَدَّ الْحِجَابَ بَيْنَهُمَا وَبَيْنَ النَّاسِ۔"

اللہ کے رسول ﷺ خیبر اور مدینہ منورہ کے بیچ تین دن تک قیام پذیر رہے اور وہیں پر حضرت صفیہ رضی اللہ عنہا آپ کے پاس رخصت کی گئیں۔ میں نے مسلمانوں کو ولیمہ پر بلایا اس ولیمہ میں گوشت اور روٹی وغیرہ کا انتظام نہ تھا بلکہ آپ ﷺ نے دسترخوان بچھانے کا حکم دیا جس پر کچھ کھجور، گھی اور پنیر وغیرہ ڈال دیا گیا اور یہی اس دن کا ولیمہ تھا۔ مسلمانوں نے آپس میں حضرت صفیہ رضی اللہ عنہا کے متعلق قیاس آرائیاں کیں کہ یہ امہات المومنین سے ہیں یا لونڈی ہیں؟ پھر لوگوں نے کہا کہ اگر آپ ﷺ نے انہیں پردہ کرایا تو امہات المومنین سے ہیں ورنہ لونڈی ۔ جب آپ ﷺ نے کوچ کیا تو حضرت صفیہ رضی اللہ عنہا کو اپنے پیچھے بٹھایا اور ان کے اور لوگوں کے بیچ پردہ کھینچ دیا۔

صحیح البخاری: ۵۰۸۵ کتاب النکاح باب اتخاذ السراری۔

صحیح مسلم: ۱۳۶۵ کتاب النکاح باب فضیلۃ اعتاقہ امۃ ثم یتزوجها۔

پھر جب اللہ تبارک وتعالیٰ نے یہ حکم دیا کہ جب ان سے کوئی چیز طلب کی جائے تو پردہ کے اوٹ سے طلب کی جائے۔

اور یہ بھی حکم دیا کہ آپ ﷺ کی بیویاں، بچیاں اور مسلمانوں کی عورتیں اپنی چادر کا گھونگھٹ لٹکا لیا کریں، تو مسلمان عورتوں نے نقاب پہننا شروع کر دیا۔ (چادر کے لئے یہاں لفظ "جلباب" استعمال کیا گیا ہے)

"جلباب" سے مراد کپڑا ہے جو سر سمیت پورے بدن کو ڈھک لے جسے عبداللہ بن مسعود رضی اللہ عنہ نے "رداء" یعنی چادر کہا ہے۔ اور جسے عام لوگ ازار کہتے ہیں یعنی اتنا بڑا ازار جو سر اور باقی بدن کو ڈھک لے۔ گھونگھٹ لٹکانے کی تفسیر حضرت عبیدہ رحمہ اللہ نے یہ کی ہے کہ عورت اپنی چادر کو سر سے اس طرح لٹکائے گی کہ اسکی صرف آنکھیں ظاہر رہیں گی۔ نقاب بھی اسی طرح کی چیز ہے۔ صحیح البخاری وغیرہ میں ہے:

"اِنَّ الْمُحْرِمَةَ لَا تَنْتَقِبُ وَلَا تَلْبِسُ الْقُفَّازَیْنِ"

''حالت احرام میں عورت نہ نقاب پہنے نہ دستانہ استعمال کرے''۔

پھر جب عورتوں کو "جلباب" یعنی لمبی چادر اوڑھنے کا حکم اس لئے تھا کہ وہ پہچانی نہ جاسکیں، اور یہ بات چہرہ چھپانے سے یا چہرہ پر نقاب لگانے سے حاصل ہو سکتی ہے۔ تو یہیں سے یہ بھی واضح ہو گیا کہ چہرہ ظاہر نہیں کیا جاسکتا!

....

۱۔ صحیح البخاری: ۱۸۳۸ کتاب جزاء الصید باب ما ینھی من الطیب للمحرم والمحرمۃ عن عبداللہ بن عمر۔

لہٰذا اجنبی مردوں کے لئے عورت کے صرف ظاہری کپڑوں کے دیکھنے کی حلت باقی رہ جاتی ہے۔ معلوم ہوا کہ عبداللہ بن مسعود رضی اللہ عنہ نے مسئلہ کی آخری کڑی کا ذکر کیا ہے اور ابن عباس رضی اللہ عنہما نے مسئلہ کے ابتدائی مرحلے کا۔

اسی بنیاد پر لفظ " أَوْ نِسَائِهِنَّ أَوْ مَا مَلَكَتْ أَيْمَانُهُنَّ " (یعنی ایک مسلمان عورت دوسری مسلمان عورتوں اور اپنے غلاموں کے سامنے بھی زینت کو ظاہر کر سکتی ہے) سے یہ بات ثابت ہوتی ہے کہ عورت اپنے زر خرید غلام کے سامنے اپنی باطنی زینت ظاہر کر سکتی ہے۔ اس بارے میں بھی علماء کے دو قول ہیں۔

۱- بعض علماء کا خیال ہے کہ " مَا مَلَكَتْ أَيْمَانُهُنَّ " سے مراد لونڈیاں یا اہل کتاب لونڈیاں ہیں۔ سعید بن المسیب رحمہ اللہ کا یہی قول ہے اور امام احمد بن حنبل رحمہ اللہ وغیرہ نے اسی کو راجح قرار دیا ہے۔

....

[۱] مؤلف رحمہ اللہ کے کہنے کا مقصد یہ ہے کہ چہرہ اور دونوں ہاتھوں کے ڈھکنے کا مسئلہ دو مرحلوں سے گذرا ہے۔ پہلا مرحلہ تو یہ تھا کہ عورتیں باہر نکلتے وقت اسے کھلا رکھتی تھیں کیونکہ وجوبی طور پر اس کے چھپانے کا حکم نازل نہیں ہوا تھا۔ دوسرا مرحلہ وہ ہے جب انہیں وجوبی طور پر غیر محرم مردوں کے سامنے چہرے اور ہاتھوں کے چھپانے کا حکم دے دیا گیا۔ چنانچہ حضرت عبداللہ بن مسعود رضی اللہ عنہ سے زینت ظاہرہ کی تفسیر جو صرف کپڑے وغیرہ سے کی ہے تو آپ نے آخری مرحلے کا ذکر فرمایا ہے۔ جبکہ حضرت عبداللہ بن عباس رضی اللہ عنہما نے پہلے مرحلے یعنی نسخ سے پہلے کا ذکر کیا ہے۔ (مترجم)

۲- کچھ دوسرے علماء کا خیال ہے کہ اس سے مراد مرد غلام ہیں ۔ یہ عبداللہ بن عباس رضی اللہ عنہما وغیرہ کا قول ہے اور یہی امام شافعی رحمہ اللہ وغیرہ کا مذہب ہے، امام احمد رحمہ اللہ سے ایک دوسری روایت بھی یہی ہے ۔ اس تفسیر کا تقاضہ ہے کہ زر خرید غلام اپنی مالکہ کو دیکھ سکتا ہے۔

اس بارے میں متعدد حدیثیں! بھی موجود ہیں (جس سے اس بات کا جواز ملتا ہے کہ عورت کا غلام اپنی مالکہ کو دیکھ سکتا ہے) اور یہ اجازت صرف ضرورت کے پیش نظر ہے ، کیونکہ عورت کو اپنے غلام سے ہمکلام ہونے کی اس سے کہیں زیادہ ضرورت رہتی ہے جس قدر گواہ مزدور اور شادی کا پیغام دینے والے کو دیکھنے کی

....

! مثلاً حضرت انس بن مالک رضی اللہ عنہ کی درج ذیل روایت کہ :

"اَنَّ النَّبِیَّ اَتٰی فَاطِمَۃَ بِعَبْدٍ کَانَ قَدْ وَھَبَہٗ لَھَا، قَالَ: وَعَلٰی فَاطِمَۃَ رَضِیَ اللّٰہُ عَنْھَا ثَوْبٌ اِذَا قَنَّعَتْ بِہٖ رَأْسَھَا لَمْ یَبْلُغْ رِجْلَیْھَا وَ اِذَا غَطَّتْ رِجْلَیْھَا لَمْ یَبْلُغْ رَأْسَھَافَلَمَّا رَأَی النَّبِیُّ ﷺ مَا تَلْقٰی قَالَ: اِنّٰہٗ لَیْسَ عَلَیْكِ بَأْسٌ – اِنَّمَا ھُوَ اَبُوْكِ وَغُلَامُكِ."

اللہ کے رسول ﷺ حضرت فاطمہ رضی اللہ عنہا کے پاس ایک غلام لے کر آئے . جسے حضرت فاطمہ رضی اللہ عنہا کی خدمت کے لئے ہبہ کیا تھا۔ اس وقت حضرت فاطمہ رضی اللہ عنہا کے جسم پر ایک چادرتھی جب اس سے اپنے سر کو چھاپاتیں تو پیر کھل جاتے اور پیروں کو چھاپاتیں تو آپ کا سر ننگا رہ جاتا۔ جب آپ ﷺ نے ان کی یہ پریشانی دیکھی تو فرمایا کہ کوئی حرج نہیں ۔تمہارا باپ ہے اور یہ تمہارا غلام ہے۔

سنن ابو داؤد: ۴۱۰۶ کتاب اللباس باب العبد ینظر الی شعر مولاتہ۔(مترجم)

ضرورت ہوتی ہے۔ اس لئے جب ان کے لئے دیکھنا جائز ہے تو غلام کے لئے دیکھنا بدرجہ اولیٰ جائز ہوگا۔ لیکن اس دلیل سے اس بات کا جواز نہیں بن جاتا کہ یہ غلام اپنی مالکہ کا محرم بھی بن سکتا ہے جس کے ساتھ وہ سفر وغیرہ کر سکتی ہو جیسا کہ دوسرے اجنبی مرد جنسی خواہش نہ رکھتے ہوں ان سے پردہ تو ضروری نہیں لیکن وہ عورت کیلئے محرم کی حیثیت بھی نہیں رکھتے کہ ان کے ساتھ سفر بھی جائز ہو۔

پس یہ ضروری نہیں ہے کہ جس کیلئے عورت کا دیکھنا جائز ہو اس کے ساتھ سفر اور اس سے خلوت و تنہائی بھی جائز ہو بلکہ عورت کا زر خرید غلام صرف ضرورت کے پیش نظر اپنی مالکہ کو دیکھ سکتا ہے۔ البتہ نہ تو اس کے ساتھ سفر کر سکتا ہے اور نہ ہی خلوت و تنہائی میں اس سے مل سکتا ہے کیونکہ نبی کریم ﷺ کے درج ذیل فرمان کے تحت وہ اس اجازت میں داخل نہیں ہے۔ فرمایا:

"لَا تُسَافِرُ الْمَرْأَةُ اِلَّا مَعَ زَوْجٍ اَوْ ذِی مَحْرَمٍ۔" [2]

" کوئی عورت بغیر محرم یا شوہر کے سفر نہ کرے "

....

[1] بوقت ضرورت عورت غلام کو مخاطب کر سکتی ہے کیونکہ گواہ بوقت گواہی اس کا چہرہ دیکھ سکتا ہے منگنی کے وقت منگنی کرنے والا اپنی ہونے والی بیوی کو دیکھ سکتا ہے تو جب ایسی کبھی کبھار پیش آنے والی ضرورتوں پر عورت کو شریعت نے یہ اجازت دی ہے کہ وہ اپنے چہرے کو کھول سکتی ہے تو ہمہ وقت درپیش ضرورت کے لئے بدرجہ اولیٰ چہرہ کھولنے کی اجازت ہونی چاہئے۔ (مترجم)

[2] صحیح البخاری: 1197 کتاب فضل الصلاۃ فی مسجد مکۃ والمدینۃ باب مسجد بیت المقدس نحوہ۔

صحیح مسلم: 827 کتاب الحج باب سفر المرأۃ مع محرم إلیٰ حج او غیرہ۔

کیونکہ غلام اگر آزاد ہو جائے تو یہ عورت (اس کی مالکہ) اس سے نکاح کرسکتی ہے جس طرح کہ بہن کا شوہر ایک بہن کو طلاق دے دے تو دوسری بہن سے نکاح کرسکتا ہے اور محرم تو وہ ہوتا ہے جس پر وہ عورت ہمیشہ ہمیشہ کیلئے حرام ہو۔

اس لئے حضرت عبد اللہ بن عمر رضی اللہ عنہما کا فرمان ہے کہ عورت کا اپنے زر خرید غلام کے ساتھ سفر کرنا ہلاکت ہے [1] آیت میں اظہار زینت کی اجازت محرم رشتہ داروں اور بعض غیر محرم دونوں کے لئے ہے لیکن حدیث میں سفر کی اجازت صرف محرم رشتہ داروں اور شوہر کے ساتھ خاص ہے، باری تعالیٰ کا ارشاد ہے:

﴿نِسَائُھُنَّ اَوْ مَا مَلَکَتْ اَیْمَانُھُنَّ﴾ یعنی عورت اپنی عورتوں یا غلاموں کے سامنے اپنی زینت کا اظہار کرسکتی ہے۔ اور اس کے ساتھ یہ ارشاد ہے کہ ﴿غَیْرِ اُولِی الْاِرْبَۃِ﴾ یعنی مسلمان عورتیں اپنی زینت جنسی خواہش نہ رکھنے والے مردوں کے سامنے بھی ظاہر کرسکتی ہیں لیکن اپنے غلام، اپنی عورتیں اور جنسی خواہش نہ رکھنے والے مردوں کے ہمراہ سفر نہیں کرسکتیں۔

....

[1] علامہ البانی رحمہ اللہ فرماتے ہیں کہ اس معنی میں مرفوع حدیث عبداللہ بن عمر رضی اللہ عنہما سے مروی ہے وہ سنداً صحیح نہیں ہے اور اس کی تفصیل میں نے سلسلۃ الاحادیث الضعیفۃ والموضوعۃ ۳۷۰۱ میں بیان کردی ہے۔

علامہ الہیثمی فرماتے ہیں کہ اس حدیث کو امام البزار اور امام الطبرانی نے المعجم الأوسط میں روایت کیا ہے جس کی سند میں بزیع بن عبدالرحمٰن راوی کو امام ابو حاتم نے ضعیف قرار دیا ہے۔ ملاحظہ ہو۔ مجمع الزوائد ۳/ ۲۱۷۔ باب سفر النساء۔

ارشاد باری تعالیٰ ﴿أو نسائهن﴾ کی تفسیر میں مفسرین نے فرمایا کہ اس حکم سے کافر عورت اور مشرک عورت کو علیحدہ کیا گیا ہے۔ یعنی مسلمان عورت کی دایہ مشرکہ عورت نہیں بن سکتی اور نہ ہی مشرک عورت مومن عورت کے ساتھ حمام میں داخل ہو سکتی ہے [۱]

....

[۱] علامہ البانی رحمہ اللہ فرماتے ہیں کہ "نسائهن" کی یہی تفسیر صحیح ہے جو سلف صالحین سے بغیر کسی اختلاف کے مروی ہے کہ اس سے مراد صرف مسلمان عورتیں ہیں نہ کہ کافر عورتیں۔ دیکھئے الدر المنثور، تفسیر ابن جریر، زاد المسیر ۱۳۲/۶ اور تفسیر ابن کثیر۔

بعض ہمعصر فضلاء کی یہ تفسیر کہ اس سے نیک سیرت و نیک خصلت عورتیں مراد ہیں چاہے وہ مسلمان ہوں یا کافر، ایک نئی تفسیر ہونے کے ساتھ ساتھ تفسیر سلف کے خلاف ہے اور عربی اسلوب کلام سے مطابقت نہیں رکھتی ہے۔ کیونکہ اللہ تبارک وتعالیٰ نے "نسائهن" میں اضافت مسلمان عورتوں کی طرف کی ہے۔ یہی وجہ ہے کہ عورت اپنے قرابت داروں کے سامنے اپنی باطنی زینت کا اظہار کر سکتی ہے اور بالخصوص شوہر کے سامنے تو ہر ایسی زینت کا اظہار کرے گی جس کا اظہار اپنے محرم اور قریبی رشتہ داروں کے سامنے بھی نہیں کر سکتی۔

نیز اللہ تعالیٰ کا فرمان ہے:

﴿وَلْيَضْرِبْنَ بِخُمُرِهِنَّ عَلٰى جُيُوبِهِنَّ﴾

(یعنی اپنے دوپٹوں کو اپنے گریبان پر ڈال لیں) اس بات کی دلیل ہے کہ عورت اپنی گردن چھپا کر رکھے گی۔ چنانچہ گردن ظاہری زینت کے بجائے باطنی زینت میں شمار ہوگی اور یہی حکم ہار اور دوسرے زیورات کا بھی ہے۔

البتہ یہودی عورتیں حضرت عائشہ رضی اللہ عنہا کے پاس آیا کرتی تھیں اور ان کے چہرے اور ہاتھوں وغیرہ کو دیکھا کرتی تھیں البتہ مردوں کو اس کی اجازت نہ تھی۔ چنانچہ چہرہ اور ہاتھ اہل کتاب ذمی عورتوں کے حق میں زینت ظاہرہ شمار ہونگے۔ البتہ اہل کتاب ذمی عورت کے لئے یہ جائز نہ ہو گا کہ مسلمان عورتوں کی باطنی پوشیدہ زینت کو دیکھیں۔ زینت کے ظاہر کرنے اور چھپانے کا معیار یہی ہے کہ عورت کسی کے لئے بھی صرف وہی زینت ظاہر کر سکتی ہے جس کا ظاہر کرنا اس کے لئے جائز ہو۔

مردوں کا پردہ

یہ تھا مردوں سے عورتوں کے پردے کا بیان ۔ باقی رہا مردوں سے پردہ اور عورتوں کا عورتوں سے پردہ تو اس کا تعلق خاص شرمگاہ سے ہے ۔ نبی کریم ﷺ کا ارشاد ہے:

"لَا يَنْظُرُ الرَّجُلُ اِلٰى عَوْرَةِ الرَّجُلِ وَلَا تَنْظُرُ الْمَرْأَةُ اِلٰى عَوْرَةِ الْمَرْأَةِ"

" کوئی مرد دوسرے مرد کی شرمگاہ کو نہ دیکھے اورنہ کوئی عورت کسی دوسری عورت کی شرمگاہ کو دیکھے" ۱

اور ارشاد فرمایا:

"اِحْفَظْ عَوْرَتَكَ اِلَّا عَنْ زَوْجَتِكَ اَوْ مَا مَلَكَتْ يَمِيْنُكَ، قُلْتُ: فَاِذَا كَانَ الْقَوْمُ بَعْضُهُمْ فِى بَعْضٍ؟ قَالَ:اِن اسْتَطَعْتَ اَنْ لَّايَرَيَنَّهَا اَحَدٌ فَلَا يَرَيَنَّهَا قُلْتُ: فَاِذَا كَانَ اَحَدُنَا خَالِياً؟ قَالَ: فَاللّٰهُ اَحَقُّ اَنْ يُّسْتَحْىَ مِنْهُ"

۱ دیکھیے - صحیح مسلم: ۳۳۸ کتاب الحیض باب تحریم النظر الی العورات ، سنن ابوداؤد: ۴۰۱۸ کتاب الحمام، سنن ترمذی: ۲۷۹۲ کتاب الأداب، باب کراهية مباشرة الرجال الرجال والمرأة المرأة عن ابی سعید الخدری رضی الله عنه۔

"اپنی بیوی اور لونڈی کے سوا اپنی شرمگاہ کو ہر ایک سے محفوظ رکھو۔ صحابی کہتے ہیں میں نے کہا اگر لوگوں کی بھیڑ بھاڑ ہو تو؟ آپ نے فرمایا کہ حتی الامکان کوشش کرو کہ کوئی تمہاری شرمگاہ نہ دیکھ سکے۔ صحابی نے دوبارہ عرض کیا: اگر کوئی تنہا ہو تو؟ آپ صلی اللہ علیہ وسلم نے ارشاد فرمایا کہ اللہ اس بات کا زیادہ حقدار ہے کہ اس سے شرم کی جائے ۱

اسی طرح ایک اور حدیث میں ہے کہ:

"نَهَى رَسُوْلُ اللّٰهِ صلی اللہ علیہ وسلم اَنْ يُفْضِىَ الرَّجُلُ اِلَى الرَّجُلِ فِىْ ثَوْبٍ وَّاحِدٍ وَّالْمَرْأَةُ اِلَى الْمَرْأَةِ فِىْ ثَوْبٍ وَّاحِدٍ۔"

" کوئی مرد کسی دوسرے مرد کے ساتھ ایک ہی کپڑے میں نہ ہو اور نہ کوئی عورت کسی دوسری عورت کے ساتھ ایک ہی کپڑے میں ہو۔" ۲

اور بچوں سے متعلق فرمایا:

"مُرُوْهُمْ بِالصَّلَاةِ لِسَبْعٍ وَّاضْرِبُوْهُمْ عَلَيْهَا لِعَشْرٍ وَّفَرِّقُوْا بَيْنَهُمْ فِى الْمَضَاجِعِ۔"

....

۱ دیکھئے۔ سنن ابوداؤد: ۴۰۱۷ کتاب الحمام باب ما جاء فی التعری، سنن الترمذی: ۲۷۶۹

کتاب الأداب باب ماجاء فی حفظہ العورۃ عن بھز بن حکیم عن ابیہ عن جدہ۔ امام بخاری رحمہ اللہ نے بھی اس کو اپنی صحیح میں مختصراً اور معلقاً ذکر کیا ہے۔ دیکھئے: صحیح البخاری مع الفتح ۱/ ۳۸۵ کتاب الغسل باب من اغتسل عریانا وحدہ فی خلوۃ۔

۲ یہ حدیث ابوسعید الخدری رضی اللہ عنہ کی ماسبق روایت کا آخری ٹکڑا ہے۔ مصنف نے "نھی" کا لفظ لگا کر اس ٹکڑے کا اقتباس کیا ہے۔

"جب وہ سات سال کے ہوجائیں تو انہیں نماز کا حکم دو اور دس سال کے ہو جائیں تو انہیں نماز نہ پڑھنے پر مارو اور ان کے بستروں کو ایک دوسرے سے علیحدہ کردو۔" [۱]

یہ ممانعت ہم جنس کی شرمگاہ کی طرف دیکھنے اور اسے چھپانے سے متعلق ہے کیونکہ اس میں بڑی بے حیائی اور فحاشی ہے۔ باقی رہی مردوں کیلئے عورتوں اور عورتوں کے لئے مردوں کی شرمگاہ دیکھنے کی ممانعت تو اس لئے کہ اس میں جنسی شہوت ہے۔ (کہ مرد اگر عورت کی شرمگاہ کو یا عورت مرد کی شرمگاہ کو دیکھے تو اس سے فطرۃً شہوت ابھرتی ہے۔) بس یہ دوقسمیں ہوئیں۔

اور ستر پوشی کی ایک تیسری قسم بھی ہے جس کا تعلق خاص حالت نماز سے ہے کیونکہ عورت اگر تنہائی میں نماز پڑھے تب بھی اسے چادر اوڑھنے کا حکم ہے۔ [۲] جبکہ حالت نماز کے علاوہ اپنے گھر کے اندر (جہاں اجنبی مرد نہ ہوں) اپنے سر کو کھلا رکھ سکتی ہے۔ معلوم ہوا کہ نماز کی حالت میں زینت کا اختیار یعنی ستر پوشی باری تعالیٰ کا

....

[۱] سنن ابوداؤد: ۴۹۵، ۴۹۶ کتاب الصلوۃ باب متی یؤمر الغلام بالصلوۃ۔

[۲] عَنْ عَائِشَةَ رَضِیَ اللّٰہُ عَنْهَاعَنِ النَّبِیِّ ﷺ :لَایَقْبَلُ اللّٰہُ صَلَاۃَ حَائِضٍ اِلَّا بِخَمَارٍ۔"

یعنی اللہ کے رسول ﷺ نے ارشاد فرمایا کہ کسی بالغہ عورت کی نماز بغیر اوڑھنی کے اللہ تعالیٰ قبول نہیں فرماتا۔ ابوداؤد: ۶۴۱ کتاب الصلاۃ، باب المرأۃ تصلی بغیر خمار۔ الترمذی: ۳۷۷، کتاب الصلاۃ ، باب ما جاء فی لاتقبل صلاۃ المرأۃ الا بخمار۔

حق ہے ۔ اسی لئے یہ بھی جائز نہیں کہ کوئی بیت اللہ شریف کا طواف ننگے ہو کر کرے خواہ وہ رات کی تاریکی میں تن تنہا ہی کیوں نہ ہو اور نہ ہی کسی کو اس کی اجازت ہے کہ وہ ننگا نماز پڑھے۔ خواہ تنہا ہی کیوں نہ ہو۔ معلوم ہوا کہ نماز میں زینت کا اختیار، یعنی عورت کی ستر پوشی، لوگوں سے پردہ کے لئے نہیں (بلکہ رب العالمین کا حق ہے) لہذا یہ ایک الگ نوع ہے۔ اور وہ ایک الگ نوع ہے۔

لہذا نمازی حالت نماز میں بسا اوقات اپنے جسم کا وہ حصہ چھپائے گا جسے نماز سے باہر ظاہر کر سکتا ہے ۔ اور بسا اوقات نماز میں وہ حصہ ظاہر کرے گا جسے مردوں سے چھپانا ہے۔

پہلی صورت: (یعنی جس کا چھپانا نماز میں تو واجب ہے لیکن نماز سے باہر اس کا چھپانا ضروری نہیں) کی مثال دونوں کندھے ہیں کہ اللہ کے رسول ﷺ نے منع فرمایا ہے کہ مرد اپنے کندھوں کو ڈھکے بغیر کوئی ایک کپڑے میں نماز پڑھے۔[1] یہ حکم نماز کے حق کی بنا پر ہے جبکہ مرد حضرات نماز کے علاوہ اپنے کندھے ننگے رکھ سکتے ہیں ۔

....

[1] صحیحین میں یہ روایت ان الفاظ میں مروی ہے:

"لَا يُصَلِّيْ اَحَدُكُمْ فِی الثَّوْبِ الْوَاحِدِ لَيْسَ عَلٰی عَاتِقَیْهِ مِنْهُ شَیْءٌ"

تم میں سے کوئی ایک ہی کپڑے میں اس حالت میں نماز نہ پڑھے کہ اس کے کندھے پر اس کا کوئی حصہ نہ ہو ۔ صحیح البخاری: ۳۵۹ کتاب الصلاۃ اذا صلی فی ثوب واحد۔ صحیح مسلم ۵۱۶ کتاب الصلاۃ باب الصلاۃ فی ثوب واحد وصفۃ لبسہ۔

اسی طرح آزاد عورت نماز میں دوپٹہ اوڑھے گی جیسا کہ آپ ﷺ نے ارشاد فرمایا:

"لَا يَقْبَلُ اللّٰهُ صَلَاةَ حَائِضٍ إِلَّا بِخَمَارٍ"

"یعنی کسی بالغ عورت کی نماز اللہ تبارک تعالیٰ بغیر دوپٹہ کے قبول نہیں فرماتا۔"[1]

حالانکہ اس کے لئے اپنے شوہر اور محرم رشتہ داروں کے سامنے اوڑھنی یا دوپٹے کا اوڑھنا ضروری نہیں ہے جبکہ وہ زینت باطنہ کا اظہار اپنے محرم رشتہ داروں کے سامنے کر سکتی ہے۔ جبکہ حالت نماز میں اس کے لئے سر کا کھلا رکھنا جائز نہیں۔ نہ محرم رشتہ داروں کے سامنے نہ ہی غیر محرموں کے سامنے۔ اس کے برعکس چہرہ ہاتھ اور پاؤں کا حکم ہے کہ صحیح مسلک یہی ہے کہ اجنبی مردوں کے سامنے عورت کے لئے جائز نہیں کہ ان اعضاء جسم کو ظاہر کرے حالانکہ نسخ سے پہلے اس کی اجازت تھی۔ لیکن اب صرف کپڑے وغیرہ کے اظہار کی اجازت ہے۔

....

[1] سنن ابو داؤد اور سنن الترمذی کے حوالے سے قریب ہی گذر چکی ہے۔ علامہ البانی رحمہ اللہ فرماتے ہیں کہ یہ حدیث اپنے عموم کے لحاظ سے آزاد اور لونڈی ہر ایک کیلئے یکساں حکم رکھتی ہے دونوں میں تفریق کی کوئی دلیل نہیں، چنانچہ آزاد عورت اور لونڈی میں فرق کرنا صحیح نہیں، جیسا کہ مصنف علیہ الرحمۃ نے کیا ہے۔ اس تفریق کی کوئی دلیل مجھے شریعت میں نہیں مل سکی۔ اس کے برعکس یہ ضرور مروی ہے کہ آپ ﷺ نے اپنی لونڈی سے فرمایا: "اِخْتَمِرِی" یعنی چادر اوڑھ لو، اس حدیث کا حوالہ میری کتاب "حجاب المرأۃ" صفحہ ۴۵ پر دیکھا جاسکتا ہے۔ یہ حدیث اس مسئلہ پر واضح دلیل ہے کہ آزاد عورت اور لونڈی دونوں ہی چادر اوڑھیں گی۔ اور حدیث مذکورہ بالا عمومی حکم کی تائید کرتی ہے۔ (مترجم)

لیکن نماز میں چہرہ، ہاتھ اور پاؤں کو چھپانا واجب نہیں ہے اس بات پر امت کا اتفاق ہے۔ حالانکہ چہرے کا شمار پوشیدہ زینت میں ہوتا ہے اس کے باوجود دوران نماز کھلا رکھنا بالاجماع جائز ہے۔ اسی طرح جمہور علماء امام شافعی، امام ابو حنیفہ وغیرھما رحمھم اللہ کے نزدیک عورت نماز میں دونوں ہاتھوں کو بھی کھلا رکھ سکتی ہے۔ البتہ امام احمد رحمہ اللہ کے دو قول ہیں۔ ایک یہی ہے۔ اور ایک اس کے خلاف ہے۔ اور امام ابو حنیفہ رحمہ اللہ کے نزدیک دونوں پاؤں کا بھی یہی حکم ہے اور یہی مسلک زیادہ قوی ہے کیونکہ حضرت عائشہ رضی اللہ عنہا نے پاؤں کو زینت ظاہرہ قرار دیا ہے چنانچہ آپ نے آیت ﴿وَلَا يُبْدِيْنَ زِيْنَتَهُنَّ اِلَّا مَا ظَهَرَ﴾ کی تفسیر میں فرمایا ہے کہ اس سے مراد "مَنَخ" ہے اور "مَنَخ" چاندی کے اس چھلے کو کہتے ہیں جسے عورتیں پاؤں کی انگلی میں پہنتی ہیں۔ امام ابن ابی حاتم نے اپنی تفسیر میں اسے روایت کیا ہے۔

یہ قول اس بات کی دلیل ہے کہ عورتیں پہلے ہاتھوں اور چہروں کی طرح اپنے قدموں کو بھی کھلا رکھتی تھیں، باہر نکلتے وقت وہ اپنے دامن کو تو ضرور لٹکا لیتی تھیں لیکن چلتے وقت بسا اوقات ان کا پاؤں نظر آ جاتا تھا کیونکہ عادتاً وہ جوتے یا موزے استعمال نہیں کرتی تھیں۔ اور حالت نماز میں اس کا ڈھکنا بڑی پریشانی کی بات ہے۔ خود ام سلمہ رضی اللہ عنہا نے فرمایا کہ اگر عورت کا کپڑا اتنا وسیع ہو کہ پاؤں کے اوپر والے حصے کو ڈھانپ لے تو اس میں وہ نماز پڑھ سکتی ہے۔*

....

* امام مالک رحمہ اللہ فرماتے ہیں کہ محمد بن زید بن قنفذ کی ماں نے ام المومنین حضرت =>

ظاہر ہے کہ جب وہ سجدہ کرے گی تو اس کے پاؤں کا نچلا حصہ نظر آ سکتا ہے۔

خلاصہ یہ کہ نص اور اجماع سے یہ بات ثابت ہوگئی کہ عورت اگر گھر میں نماز پڑھے تو اس کے لئے جلباب کا استعمال ضروری نہیں ہے اور جلباب سے مراد وہ کشادہ چادر ہے جو عورت کے پورے بدن کو چھپاتی ہو بلکہ جلباب صرف اسی صورت میں ضروری ہے جبکہ وہ گھر سے باہر نکلے۔ گھر میں نماز پڑھتے ہوئے اگر عورت کا ہاتھ، پیر اور چہرہ کھلا رہے تو یہ جائز ہے۔ جیسا کہ آیت حجاب نازل ہونے سے پہلے مسلمان خواتین اسی حالت میں باہر نکلا کرتی تھیں۔ معلوم ہوا کہ نماز کی ستر وہ نہیں ہے جو نظر کی ستر ہے۔ اور نظر کی ستر وہ نہیں ہے جو نماز کی ستر ہے۔ خود عبداللہ بن مسعود رضی اللہ عنہ نے جب کپڑوں ہی کو زینت ظاہرہ قرار دیا۔ تو یہ نہیں فرمایا کہ عورت پوری کی پوری پردے کی چیز ہے حتیٰ کہ اس کا ناخن بھی حکم پردہ میں شامل ہے بلکہ یہ تو امام احمد بن حنبل رحمہ اللہ کا قول ہے کہ عورت نماز میں اپنے ناخن کو

....

=< ام سلمہ رضی اللہ عنہا سے سوال کیا کہ وہ کون کون سے کپڑے ہیں جن میں عورت نماز پڑھ سکتی ہے؟ آپ نے جواب دیا کہ وہ اپنی اوڑھنی میں نماز پڑھ سکتی ہے اور اپنے عبا میں نماز پڑھ سکتی ہے بشرطیکہ پاؤں کا اوپری حصہ چھپا ہوا ہو۔

الموطا : کتاب الصلاۃ ،باب الرخصۃ صلاۃ المرأۃ فی الدرع والخمار ۱ / ۱۴۳

ابوداؤد : ۶۳۹ کتاب الصلاۃ باب فی کم تصلی المرأۃ۔

علامہ البانی رحمہ اللہ فرماتے ہیں کہ یہ حدیث مرفوعاً بھی مروی ہے لیکن اس کی سند نہ مرفوعاً صحیح ہے اور نہ ہی موقوفاً۔(مترجم)

بھی چھپائے گی، کیونکہ فقہاء اسے "باب سترالعورۃ" سے موسوم کرتے ہیں۔ "یعنی" قابل پردہ حصہ کو چھپانے کا بیان" یہ آپﷺ کا فرمان نہیں ہے اور نہ ہی قرآن وحدیث میں کہیں یہ الفاظ وارد ہیں کہ جن اعضاء کو نمازی دوران نماز چھپاتا ہے وہ پردہ شمار ہونگے بلکہ اللہ تبارک وتعالٰی کا ارشاد ہے کہ: ﴿خُذُوْا زِیْنَتَکُمْ عِنْدَ کُلِّ مَسْجِدٍ﴾ (الاعراف)

یعنی مسجد کی حاضری کے وقت اپنی زینت (لباس) استعمال کرو۔ اور اللہ کے رسولﷺ نے ننگے ہو کر بیت اللہ شریف کا طواف کرنے سے منع فرمایا ہے۔ لہذا نماز بدرجۂ اولیٰ ننگے ہو کر نہیں پڑھی جاسکتی۔

اور جب آپﷺ سے ایک کپڑے میں نماز کا حکم دریافت کیا گیا تو آپﷺ نے فرمایا: "اَوَ لِکُلِّکُمْ ثَوْبَانِ" یعنی کیا تم میں سے ہر شخص کے پاس دو کپڑے ہیں۔ اور ایک کپڑے میں نماز سے متعلق فرمایا کہ:

"اِنْ کَانَ وَاسِعاً فَالْتَحِفْ بِہِ وَ اِنْ کَانَ ضَیِّقاً فَاتَّزِرْ بِہِ"
اگر کشادہ ہے تو اس کو لپیٹ لو اور اگر چھوٹا ہے تہبند باندھ لو۔[۲]

....

[۱] صحیح البخاری: ۳۵۹ کتاب الصلاۃ باب الصلاۃ فی الثوب الواحد۔

صحیح مسلم: ۵۱۵ کتاب الصلاۃ باب الصلاۃ فی ثوب واحد عن ابی ہریرۃ رضی اللہ عنہ۔

[۲] صحیح البخاری: ۳۶۱ کتاب الصلاۃ باب اذا کان الثوب ضیقاً۔

صحیح مسلم: ۶۶۷ کتاب الزہد والرقائق فی حدیث طویل ۴/۲۳۰۶ عن جابر بن عبداللہ۔

اور ایک کپڑے میں نماز پڑھنے سے منع فرمایا جبکہ نمازی کے کندھے پر اس میں سے کچھ نہ ہو۔[1]

یہ اس بات کی دلیل ہے کہ حالت نماز میں پردے کے حصے یعنی ران وغیرہ کو چھپانے کا حکم دیا جائے گا ۔ اگر چہ حالتِ نماز کے علاوہ مرد کا ان چیزوں کی طرف دیکھنا ہمارے نزدیک جائز ہے ۔ پھر اگر ہم یہ مان لیں کہ قابلِ ستر حصہ سے مراد صرف قُبل ودُبر (پیشاب وپاخانہ کی جگہ ہے) اور ران حدودِ ستر میں داخل نہیں جیسا کہ امام احمد رحمہ اللہ کا ایک قول یہ بھی ہے تو اس سے صرف مرد کو اجازت ہوگی کہ وہ کسی دوسرے مرد کی ران کو دیکھ لے ۔ حالت نماز اور حالت طواف سے اس کا کوئی تعلق نہیں۔ اس لئے خواہ رانیں حدودِ ستر میں شامل ہوں یا نہ ہوں ۔ بہر حال کسی شخص کو ران کھول کر نماز پڑھنے کی اجازت نہیں اور نہ ہی ننگا ہو کر کوئی شخص طواف کرسکتا ہے ۔ بلکہ مجبوری کی حالت میں اگر ایک ہی کپڑے میں نماز پڑھے اور وہ

....

[1] عَنْ اَبِیْ هُرَیْرَةَ رَضِیَ اللہُ عَنہُ قَالَ: قَالَ النَّبِیُّ ﷺ: "لَا یُصَلِّیْ اَحَدُکُمْ فِی الثَّوْبِ الْوَاحِدِ لَیْسَ عَلیٰ عَاتِقَیْهِ مِنْهُ شَیْءٌ"

اللہ کے رسول ﷺ نے ارشاد فرمایا کہ تم میں سے کوئی ایک ہی کپڑے میں نماز نہ پڑھے جبکہ اس کا کوئی حصہ کندھے پر نہ ہو۔

صحیح البخاری: ۳۹۵ کتاب الصلاۃ باب اذا صلی فی الثوب الواحد۔

صحیح مسلم: ۵۱۶ کتاب الصلاۃ باب الصلاۃ فی ثوب واحد عن ابی ہریرۃ۔

کپڑا چھوٹا ہو تو اسے ازار بنا لے اور کشادہ ہو تو اس میں لپٹ جائے۔ اسی طرح اگر وہ گھر میں تنِ تنہا نماز پڑھ رہا ہو تو بھی باتفاق علماء ستر پوشی کرنا واجب ہے۔

ازار کی موجودگی میں ران کھول کر نماز پڑھنا کسی صورت میں مرد کے لئے جائز نہیں[1]۔ اور نہ ہی اس مسئلہ میں اختلاف کی گنجائش ہے اور جن لوگوں نے حدودِ ستر کی تحدید سے متعلق دونوں روایتوں کی بنیاد پر اختلاف کیا ہے جیسا کہ بعض حضرات کا خیال ہے تو ان کی صریح غلطی ہے۔ یہ نہ تو امام احمد رحمہ اللہ کا قول ہے اور نہ ہی کسی دوسرے امام کا کہ نمازی ایسی حالت میں یعنی کھلی ران کے ساتھ نماز پڑھ سکتا ہے۔ یہ کیسے ہو سکتا ہے کہ امام احمد رحمہ اللہ کندھوں کے ڈھکنے کا حکم دیں اور ران کھلی رکھنے کی اجازت دیں۔

ہاں! اس مسئلے میں اختلاف ضرور ہے کہ آدمی جب اکیلا ہو تو اس پر ستر کا چھپانا واجب ہے یہ نہیں؟ لیکن اس بارے میں کوئی اختلاف نہیں کہ نماز میں کپڑا پہننا

....

[1] علامہ البانی رحمہ اللہ یہاں حاشیہ لگاتے ہیں کہ: مناسب ہے کہ بچوں کو ایسے ہی آداب سکھائے جائیں۔ والدین کے لئے کسی بھی طرح مناسب نہیں ہے کہ (خاصکر اس وقت جب کہ وہ تمیز کو پہنچ جائیں) اپنے بچوں کو جانگھیا (ہاف پینٹ) پہنائیں اور اسی حالت میں انہیں مسجد بھی لے جائیں۔ چنانچہ ماسبق حدیث: "مُرُوْهُمْ بِالصَّلَاةِ وَهُمْ أَبْنَاءُ سَبْعٍ" میں ہے کہ جب بچے سات سال کے ہو جائیں تو انہیں نماز کا حکم دو اور جب وہ دس سال کے ہو جائیں تو نماز نہ پڑھنے پر انہیں مارو۔" اور اس میں کوئی شک نہیں کہ جب نماز کے لئے یہ حکم ہے تو اپنے تمام ارکان اور شرائط کے ساتھ یہ حکم ہے۔

ضروری ہے اور باتفاق علماء لباس کی موجودگی میں ننگے نماز پڑھنا جائز نہیں اس لیے امام احمد رحمہ اللہ اور کچھ دوسرے ائمہ کی رائے ہے کہ جہاں کہیں صرف ننگے ہی مرد ہوں تو ان کے لیے بیٹھ کر نماز پڑھنا جائز ہے اور ان کا امام صف کے بیچ میں ہوگا۔ بخلاف غیر حالت نماز کے۔ تو یہ پردہ پوشی نماز کے مقام واہمیت کے پیش نظر ہے۔ نہ کہ نظر کی وجہ سے۔ چنانچہ جب بہز بن حکیم کے دادا حضرت معاویہ بن حیدہ رضی اللہ عنہ نے آپ ﷺ سے سوال کیا کہ اگر ہم اکیلے رہیں تب بھی ستر پوشی کا خیال رکھیں تو آپ ﷺ نے فرمایا:

"فَاللّٰهُ اَحَقُّ اَنْ يُسْتَحْيَ مِنْهُ (مِنَ النَّاسِ)"[1]

یعنی (لوگوں کے مقابلے میں) اللہ اس بات کا زیادہ حق دار ہے کہ اس سے شرم کی جائے۔ اور جب یہ نماز سے باہر کا حکم ہے تو حالتِ نماز میں اللہ اس کا زیادہ حقدار ہے کہ اس سے شرم کی جائے اور اس سے ہمکلامی کے وقت زینت و آرائش اختیار کی جائے اس وجہ سے جب حضرت عبداللہ بن عمر رضی اللہ عنہما نے اپنے غلام نافع کو دیکھا کہ وہ ننگے سر نماز پڑھ رہا ہے تو اس سے پوچھا کہ اگر تمہیں لوگوں کے پاس جانا ہو تو اسی حالت میں چلے جاؤ گے؟ غلام نے جواب دیا کہ نہیں۔ تب آپ نے فرمایا کہ پھر تو اللہ اس بات کا زیادہ حقدار ہے کہ اس کے سامنے آنے کے لیے

....

[1] یہ حدیث سنن ابوداؤد اور سنن الترمذی کے حوالے سے گذر چکی ہے۔

خوبصورتی اور آرائش اختیار کی جائے!

ایک صحیح حدیث میں ہے کہ جب اللہ کے رسول ﷺ سے یہ سوال ہوا کہ آدمی کی خواہش ہوتی ہے کہ اس کا کپڑا اچھا اور اس کا جوتا بھی اچھا ہو (تو کیا یہ بھی تکبر

السنن کبریٰ میں امام بیہقی رحمہ اللہ نے مذکورہ قول کو ان الفاظ میں نقل کیا ہے کہ نافع نے بیان کیا کہ ایک روز جانوروں کو چارہ وغیرہ دینے کی وجہ سے میں جماعت سے پیچھے رہ گیا۔ جب عبداللہ بن عمر رضی اللہ عنہما واپس آئے تو انہوں نے مجھے دیکھا کہ میں ایک ہی کپڑے میں نماز پڑھ رہا ہوں آپ نے پوچھا: کیا میں نے تمہیں دو کپڑے دیئے نہیں تھے؟ میں نے جواب دیا جی ہاں! آپ نے سوال فرمایا کہ کیا میں شہر میں کسی آدمی کے پاس بھیجوں تو تم ایسے ہی چلے جاؤ گے؟ میں نے عرض کیا نہیں۔ تو آپ نے فرمایا کہ اللہ لوگوں سے زیادہ حقدار ہے کہ اس کے لئے زینت اختیار کی جائے۔ پھر انہوں نے کہا میں نے اللہ کے رسول ﷺ سے سنا وہ حضرت عمر رضی اللہ عنہ سے فرما رہے تھے کہ:

"مَنْ كَانَ لَهُ ثَوْبَانِ فَلْيُصَلِّ فِيهِمَا وَمَنْ لَمْ يَكُنْ لَهُ إِلَّا ثَوبٌ وَاحِدٌ فَلْيَتَّزِرْ بِهِ وَلَا يَشْتَمِلْ كَاشْتِمَالِ الْيَهُودِ"

یعنی جس کے پاس دو کپڑے ہوں اس میں نماز پڑھے اور جس کے پاس ایک ہی کپڑا ہو اسے ازار بنالے اور یہودیوں کی طرح اس میں لپٹ نہ جائے۔ (السنن الکبریٰ ۲۳۶/۲)۔ کچھ الفاظ کے رد و بدل کے ساتھ یہی روایت صحیح ابن خزیمہ (ج۲۶۳/۱ رقم ۷۶۶) میں بھی مروی ہے۔ علامہ البانی رحمہ اللہ فرماتے ہیں کہ جن الفاظ کے ساتھ مصنف نے اس حدیث کو نقل کیا ہے وہ مجھے کسی کتاب میں نہیں مل سکی۔ ہوسکتا ہے کہ ننگے سر کا ذکر جو مصنف نے اس حدیث میں کیا ہے اس کا وجود کسی ایسی کتاب میں ہو جو مجھے نہیں مل سکی۔ واللہ اعلم۔

میں داخل ہے؟) آپ صلی اللہ علیہ وسلم نے جواب دیا کہ اللہ خوبصورت ہے اور خوبصورتی کو پسند فرماتا ہے[۱]

اور ایسے ہی ہے جیسے نمازی کو پاکی، صفائی اور خوشبو کا حکم ہے۔ چنانچہ آپ صلی اللہ علیہ وسلم نے حکم دیا ہے کہ:

"اَنْ تُتَّخَذَ الْمَسَاجِدُ فِی الْبُیُوتِ وَتُنَظَّفَ وَتُطَیَّبَ"[۲]

یعنی گھروں یا محلوں اور بستیوں میں مسجدیں بنائی جائیں۔ انہیں صاف ستھرا رکھا جائے اور انہیں معطر کیا جائے۔

یہاں سے یہ حقیقت واضح ہوگئی کہ ایک مرد دوسرے مرد سے اور ایک عورت دوسری عورت سے جتنا پردہ کرے گی اس سے کہیں زیادہ پردہ حالت نماز میں کرے گی۔ اسی لئے عورت کو حالت نماز میں دوپٹہ اوڑھنے کا حکم دیا گیا ہے۔ باقی رہا چہرہ دونوں ہاتھ اور دونوں پیر تو انہیں اس کے لئے اجنبی مردوں کے سامنے ظاہر کرنا منع ہے۔ لیکن عورتوں اور محرم مردوں کے سامنے ان کا کھلا رکھنا جائز ہے اس سے معلوم

....

[۱] صحیح مسلم: ۹۱ کتاب الایمان باب تحریم الکبر وبیانہ۔

سنن الترمذی: ۱۹۹۹ کتاب البر والصلۃ باب ماجاء فی الکبر عن ابن مسعود رضی اللہ عنہ۔

[۲] سنن ابوداؤد: ۴۵۵ کتاب الصلاۃ باب ما جاء فی اتخاذ المساجد فی الدور۔

سنن الترمذی: ۵۹۴ تطییب المساجد۔ عن عائشۃ رضی اللہ عنھا - علامہ البانی رحمہ اللہ فرماتے ہیں کہ یہ حدیث صحیح ہے۔

ہوا کہ یہ اعضاء ان حدودِ سترمیں شامل نہیں ہیں جنہیں مرد کو مردوں سے اور عورت کو عورتوں سے چھپانے کا حکم ہے کیونکہ ان کا کھولنا بے حیائی اور بدتمیزی کی بات ہے بلکہ یہ اعضاء بڑی برائی کا پیش خیمہ ہیں گویا ان کو ظاہر کرنے سے روکنا فی الواقع بڑی برائیوں کے اسباب اور مقدمات سے منع کرنا ہے چنانچہ ارشاد باری تعالیٰ ہے کہ:

﴿قُلْ لِّلْمُؤْمِنِیْنَ یَغُضُّوْا مِنْ اَبْصَارِهِمْ وَیَحْفَظُوْا فُرُوْجَهُمْ ذٰلِكَ اَزْكیٰ لَهُمْ﴾ (النور: ۳۰)

"اے نبی ﷺ آپ مومنوں سے کہہ دیجئے کہ اپنی نظروں کو نیچی رکھیں اور اپنی شرمگاہ کی حفاظت کریں یہ ان کے لئے خوب ستھرائی ہے۔ اور آیت حجاب کے آخر میں ارشاد فرمایا کہ:

﴿ذٰلِكُمْ اَطْهَرُ لِقُلُوْبِكُمْ وَقُلُوْبِهِنَّ﴾

"یہ تمہارے اور ان کے دلوں کی پاکیزگی کے لئے زیادہ مناسب طریقہ ہے۔

معلوم ہوا کہ چہرہ اور ہاتھ کے اظہار سے صرف برائی کا دروازہ بند کرنے کیلئے روکا گیا ہے اس وجہ سے نہیں کہ یہ اعضاء مستقل طور پر حدودِ ستر میں داخل ہیں۔ نہ نماز میں اور نہ نماز سے باہر اور یہ بہت بعید ہے کہ عورتوں کو حالتِ نماز میں ہاتھوں کے ڈھکنے کا حکم دیا جائے کیونکہ چہرے کی طرح دونوں ہاتھ بھی سجدہ کرتے ہیں۔[1]

....

[1] حضرت عبداللہ بن عمر رضی اللہ عنہما سے روایت ہے کہ اللہ کے رسول ﷺ نے ارشاد فرمایا: <=

اور اللہ تعالیٰ کے رسول ﷺ کے زمانے میں عورتیں قمیص پہنتی تھیں اور قمیص پہن کر سب کام کاج انجام دیا کرتی تھیں لہٰذا جب عورت آٹا گوندھتی تھی ، یا پیستی تھی ، یا روٹی پکاتی تھی تو لامحالہ اپنے ہاتھ کو کھولتی تھی، پھر اگر حالتِ نماز میں ہاتھوں کا ڈھکنا واجب ہوتا تو اللہ کے رسول ﷺ اسے ضرور بیان فرماتے ، اسی پر دونوں پیروں کو بھی قیاس کرنا چاہئے ۔ آپ نے انہیں قمیص کے ساتھ صرف اوڑھنی کا حکم دیا تھا چنانچہ عورتیں اپنی قمیصوں اور اوڑھنیوں میں نماز پڑھا کرتی تھیں ۔ باقی رہا وہ کپڑا جسے عورتیں لٹکاتی تھیں اور جس کے بارے میں آپ ﷺ سے سوال بھی ہوا تو آپ ﷺ نے فرمایا کہ ایک بالشت لٹکا لیں ۔ پھر عورتوں نے عرض کیا کہ اتنے سے تو چلنے میں پنڈلیاں نظر آئیں گی تو آپ نے فرمایا کہ ایک ذراع یعنی ایک ہاتھ لٹکائیں اس سے زیادہ نہیں ۔[۲]

....

<="اِنَّ الْیَدَیْنِ تَسْجُدَانِ کَمَا یَسْجُدُ الْوَجْهُ فَاِذَا وَضَعَ اَحَدُکُمْ وَجْهَهُ فَلْیَضَعْ یَدَیْهِ وَ اِذَا رَفَعَهُ فَلْیَرْفَعْهُمَا" یعنی چہرے کی طرح دونوں ہاتھ بھی سجدہ کرتے ہیں اس لئے جب کوئی سجدے کے لئے اپنا چہرہ زمین پر رکھے تو اسے چاہئے کہ اپنے دونوں ہاتھ بھی رکھے اور جب سجدے سے چہرہ اٹھائے تو دونوں ہاتھوں کو بھی اٹھائے ۔

سنن ابوداؤد: ۸۹۲ کتاب الصلاۃ باب وضع الیدین علی الارض فی السجود اذھما یسجدان کسجود الوجہ ۔ علامہ البانی فرماتے ہیں کہ یہ حدیث صحیح ہے ۔
[۲] سنن ابوداؤد وغیرہ میں ہے کہ حضرت ام سلمہ رضی اللہ عنہا نے جب اللہ کے رسول ﷺ سے تہبند وغیرہ کے اسبال اور اس کی ممانعت سے متعلق سنا تو سوال کیا کہ اے اللہ کے ="<

اور جس کے بارے میں لبید بن ربیعہ کا یہ قول ہے کہ۔

كُتِبَ الْقَتْلُ وَالْقِتَالُ عَلَيْنَا ۚ وَعَلَى الْغَانِيَاتِ جَرُّ الذَّيَوْلِ

" یعنی ہمارے اوپر تو قتل وقتال فرض ہے اور عورتوں پر اپنے دامن کا گھسیٹنا۔"

یہ اس وقت کا بیان ہے کہ جب عورتیں اپنے گھروں سے نکلیں ۔اسی لئے جب آپ سے ایسی عورت کے متعلق پوچھا گیا جو اپنے دامن کو گندی جگہوں پر گھسیٹتی ہوئی آتی ہو تو اس کا کیا حکم ہے؟ تو آپ ﷺ نے فرمایا کہ اس کے بعد والی جگہ اس کو پاک کر دے گی ۔١

....

=<رسول ﷺ عورتوں کا ازار کیسے ہونا چاہئے؟ آپ ﷺ نے فرمایا کہ انہیں چاہئے کہ ایک بالشت لٹکالیں یعنی آدھی پنڈلی سے ایک بالشت نیچے تک لٹکائیں اس پر ام سلمہ رضی اللہ عنہا نے عرض کیا تب تو چلتے وقت ان کا قدم کھل جائے گا تو آپ ﷺ نے فرمایا: "ذِرَاعٌ لَّا يَزِدْنَ عَلَيْهِ" یعنی ایک ہاتھ لٹکالیں لیکن اس سے زیادہ نہیں۔

سنن ابوداؤد : ٧/٤١١ کتاب اللباس باب قدر اللیل۔ سنن النسائی : ٨/ ٢٠٩ کتاب الزینۃ باب ذیول النساء۔ علامہ البانی رحمہ اللہ فرماتے ہیں کہ یہ حدیث صحیح ہے۔

٢ حضرت ام المومنین ام سلمہ رضی اللہ عنہا سے ایک عورت نے سوال کیا کہ میرا دامن لمبا رہتا ہے اور بسا اوقات مجھے گندی جگہ سے گذرنا پڑتا ہے تو ایسی صورت میں ہم کیا کریں؟ تو ام سلمہ رضی اللہ عنہا نے فرمایا کہ اللہ کے رسول ﷺ کا ارشاد ہے کہ : "يُطَهِّرُهُ مَا بَعْدَهُ"=<اس کے بعد والی پاک زمین اسے پاک کردے گی ۔

سنن ابوداؤد : ٣٨٣ کتاب الطہارۃ باب الأذی لیصیب الثوب۔سنن الترمذی:١٤٣ باب الوضوء من الموطأ۔ علامہ البانی فرماتے ہیں کہ یہ حدیث صحیح ہے۔

البتہ گھر کے اندر ایسے لمبے دامن والا لباس خواتین نہیں پہنتی تھیں اسی طرح بعد میں عورتوں نے باہر نکلتے وقت اپنی پنڈلیوں کو ڈھکنے کیلئے موزے کا استعمال شروع کیا۔ لیکن وہ گھروں میں موزے نہیں پہنتی تھیں اور اسی وجہ سے ان عورتوں نے کہا تھا کہ تب تو ان کی پنڈلیاں کھل جائیں گی جس کا مقصد پنڈلیوں کا ڈھکنا تھا کیونکہ جب کپڑا ٹخنے سے اوپر ہوگا تو چلتے وقت پنڈلیاں کھل جائیں گی۔

اور یہ بھی مروی ہے کہ:

عورتوں کو زیب و زینت کے لباس سے محروم رکھو نتیجۃً وہ اپنے گھروں میں بیٹھی رہیں گی۔

....

المعجم الطبرانی الکبیر میں یہ روایت مسلمہ بن مخلد سے مروی ہے جس کی سند میں ایک راوی مجمع بن کعب ہے جو مجہول راوی ہے۔ علامہ البانی فرماتے ہیں کہ یہ حدیث ضعیف ہے امام نورالدین ہیثمی نے بھی مجمع الزوائد ج ۵/ ۱۳۸ میں اس حدیث کو ضعیف قرار دیا ہے۔

حافظ عبدالرؤوف المناوی فرماتے ہیں کہ حافظ ابن حجر رحمہ اللہ نے ذکر کیا ہے کہ امام ابن عساکر نے اپنے امالی میں اس روایت کو ایک دوسری سند سے روایت کیا ہے اور حسن قرار دیا ہے، بکر بن نہشل فرماتے ہیں کہ کم از کم یہ حدیث حسن ضرور ہے۔ فیض القدیر ۱/ ۵۶۰۔

اس حدیث کی شرح میں حافظ مناوی رحمہ اللہ تحریر فرماتے ہیں کہ عورتوں کو غیر ضروری زینت اور فخر و مباہات والے کپڑے اور زیورات سے دور رکھنا ہی مناسب ہے کیونکہ انہیں جب یہ چیزیں ملیں گی تو وہ باہر سیر و تفریح کے لئے نکلنے کی کوشش کریں گی۔ فاسقہ و فاجرہ عورتیں انہیں دیکھ کر اپنے شوہروں سے ان کا تذکرہ کریں گی جس کی وجہ سے فتنہ و فساد کا جو سلسلہ شروع ہوگا وہ =>

مسلمان عورتیں اپنے گھروں میں نماز پڑھا کرتی تھیں اور آپ ﷺ نے ارشاد فرمایا کہ:

"لَاتَمْنَعُوْا اَمَاءَ اللّٰهِ مَسَاجِدَ اللّٰهِ وَ بُیُوْتُهُنَّ خَیْرٌ لَّهُنَّ"[1]

یعنی اللہ کی بندیوں کو اللہ کی مسجدوں سے نہ روکو لیکن ان کے گھر ان کے لئے زیادہ بہتر ہیں۔

پھر بھی انہیں قمیص کے ساتھ صرف اوڑھنی میں نماز کا حکم دیا گیا خف یا موزے وغیرہ کا حکم نہیں دیا گیا کہ جس سے وہ اپنے پیروں کو چھپائیں اور نہ ہی دستانہ وغیرہ کا مکلّف بنایا گیا جس سے وہ اپنے ہاتھوں کو چھپائے رکھیں۔

یہ اس بات کی دلیل ہے کہ اگر اجنبی مرد نہ ہوں تو نماز میں عورت کے لئے ہاتھ اور پاؤں کا چھپانا واجب نہیں۔

....

=< کسی سے پوشیدہ نہیں ہے۔

اس حدیث میں اس امر پر بھی ابھارا گیا ہے کہ عورتیں بغیر کسی خاص ضرورت کے نہ تو زیادہ باہر نکلیں اور نہ ہی غیر ضروری زینت و زیبائش کے پیچھے پڑی رہیں بلکہ پردہ پوشی وغیرہ کا خاص خیال رکھنا ہی ان کے لئے زیادہ مناسب ہے۔ فیض القدیر شرح جامع الصغیر ۵۶۰-۵۶۱

[1] صحیح البخاری: ۹۰۰ کتاب الجمعۃ باب ۱۲   صحیح مسلم: ۴۴۲ کتاب الصلاۃ باب خروج النساء الی المساجد۔

سنن ابوداؤد : ۵۶۷ کتاب الصلاۃ باب ما جاء فی خروج النساء الی المساجد۔ عن عبداللہ بن عمر رضی اللہ عنہما۔

چنانچہ حضرت خدیجہ رضی اللہ عنہا سے مروی ہے کہ فرشتے پوشیدہ زینت کی طرف نہیں دیکھتے۔ ا

ا مصنف رحمہ اللہ کا اشارہ درج ذیل قصہ کی طرف ہے۔

حافظ ابن عبدالبر اپنی مشہور کتاب الاستیعاب میں امام ابن ابی خیثمہ کی کتاب العلمین کے حوالے سے نقل فرماتے ہیں کہ ام المومنین حضرت خدیجہ الکبری رضی اللہ عنہا نے اللہ کے رسول ﷺ سے عرض کیا کہ اے چچا زاد بھائی آپ کا ساتھی (جس سے آپ کو خوف لاحق ہے) جب آپ کو دکھائی دے تو مجھے ضرور خبر کریں۔ چنانچہ جب حضرت جبریل علیہ السلام آپ کو نظر آئے تو آپ ﷺ نے عرض کیا، اے خدیجہ یہ جبریل میرے پاس آئے ہیں۔ حضرت خدیجہ رضی اللہ عنہا نے فرمایا کہ میری دائیں ران پر بیٹھ جائیں ۔ آپ نے ایسا ہی کیا تو حضرت خدیجہ نے سوال کیا کہ اب بھی نظر آرہا ہے؟ آپ نے جواب دیا کہ ہاں اب بھی دیکھ رہا ہوں، پھر کہا کہ آیئے اور میری بائیں ران پر بیٹھ جایئے۔ آپ نے ایسا ہی کیا تو حضرت خدیجہ رضی اللہ عنہا نے عرض کیا کہ اب بھی دیکھ رہے ہیں؟ آپ نے فرمایا اب بھی دیکھ رہا ہوں، پھر کہا کہ آیئے میری گود میں بیٹھ جایئے، آپ ﷺ نے ایسا ہی کیا حضرت خدیجہ رضی اللہ عنہا نے عرض کیا، اب بھی دیکھ رہے ہیں تو آپ ﷺ نے فرمایا اب بھی دکھائی دے رہا ہے تو حضرت خدیجہ رضی اللہ عنہا نے اپنا دوپٹہ اتار دیا اور سینے کو کھول پوچھا پھر پوچھا کہ اب بھی دیکھ رہے ہیں؟ آپ نے فرمایا کہ نہیں ۔ حضرت خدیجہ رضی اللہ عنہا نے فرمایا کہ خوشخبری ہو وہ فرشتہ ہے شیطان نہیں ہے ۔ الاستیعاب علی ھامش الاصابۃ ۴/ ۲۷۵

لیکن اس قصہ کی سند منقطع ہے اور اسی سے ملتی جلتی ایک روایت حافظ ابن حجر رحمہ اللہ نے "الاصابہ" میں "دلائل النبوۃ لابی نعیم" کے حوالے سے نقل کرکے اس کی تضعیف کی ہے جس کے الفاظ اس طرح ہیں ام المومنین حضرت عائشہ رضی اللہ عنہا فرماتی ہیں کہ اللہ کے رسول ﷺ =>

یعنی جب عورت اپنا دوپٹہ یا قمیص اتار دیتی ہے تو فرشتے اس کی طرف نہیں دیکھتے۔ خلاصہ یہ کہ نماز کے سلسلے میں عورت کو صرف اتنی ہی مقدار یعنی قمیص اور اوڑھنی ہی کا حکم دیا گیا ہے جیسا کہ مرد کو حکم ہے کہ اگر وہ ایک ہی کپڑے میں نماز پڑھے تو اس میں اس طرح لپٹے کہ اپنے کندھے اور حدودِ ستر کو چھپا لے۔

مرد کے دونوں کندھوں کا وہی حکم ہے جو عورت کے سر کا حکم ہے۔ چنانچہ مرد قمیص پہن کر یا جو کپڑا قمیص کا بدل بن سکے اس میں نماز پڑھ سکتا ہے لیکن حالت احرام میں اس کے لئے جائز نہیں کہ اس کے اعضاء جسم کے حساب سے کاٹ کر جو کپڑا سلا گیا ہو مثلاً قمیص یا چوغہ وغیرہ اس میں نماز پڑھے۔ جس طرح کہ عورت حالتِ احرام میں نہ نقاب پہنے گی اور نہ ہی دستانہ پہنے گی۔ باقی رہا مرد کا سر تو حالتِ

....

=> حضرت خدیجہ رضی اللہ عنہا کے ساتھ بیٹھے ہوئے تھے کہ آسمان و زمین کے بیچ میں ایک جسم دکھائی پڑا خدیجہ رضی اللہ عنہا نے فرمایا آپ میرے قریب آجائیں، آپ ﷺ ان کے قریب ہو گئے تو حضرت خدیجہ نے عرض کیا کہ اب بھی دکھائی دے رہا ہے؟ آپ ﷺ نے فرمایا کہ ہاں۔ پھر حضرت خدیجہ رضی اللہ عنہا نے فرمایا کہ آپ اپنا سر میرے کپڑے کے اندر کر لیں آپ نے ایسا ہی کیا تو حضرت خدیجہ رضی اللہ عنہا نے پوچھا کہ کیا اب بھی دیکھ رہے ہیں؟ آپ نے فرمایا کہ نہیں۔ حضرت خدیجہ رضی اللہ عنہا نے فرمایا کہ یہ خوشخبری ہو یہ فرشتہ ہے شیطان نہیں ہے کیونکہ شیطان ہوتا تو شرماتا نہیں۔ الاصابۃ ۴/۳۷۲ ذکر خدیجہ۔

علامہ البانی رحمہ اللہ نے اس حدیث کی تخریج نہیں کی ہے البتہ اتنا لکھا ہے کہ "یہ حدیث صحیح نہیں ہے جیسا کہ مصنف علیہ الرحمہ نے لفظ" رُوِی" سے اس کی طرف اشارہ کیا ہے۔

احرام میں وہ اپنے سر کو نہیں چھپائے گا۔

حالتِ احرام میں عورت کے چہرے سے متعلق امام احمد رحمہ اللہ وغیرہ کے مذہب میں دو قول ہیں۔

۱- ایک رائے تو یہ ہے کہ وہ مرد کے سر کی طرح ہے جسے نہ چھپایا جائے گا۔

۲- اور دوسرا قول یہ ہے کہ عورت کا چہرہ مرد کے دونوں ہاتھوں کے حکم میں ہے جسے برقعہ اور نقاب وغیرہ کسی ایسی چیز سے نہیں چھپائے گی جو خاص طور پر اس مقصد کے لئے بنایا گیا ہے۔ اور یہی قول صحیح ہے کیونکہ آپ ﷺ نے صرف نقاب اور دستانہ کے استعمال سے منع فرمایا۔

البتہ حالتِ احرام میں عورتیں اپنے چہرے پر بغیر کسی حائل کے مردوں کی نظروں سے بچاؤ کیلئے گھونگٹ نکال لیا کرتی تھیں۔[1] اس سے معلوم ہوا کہ ان کا چہرہ خود ان کے اپنے ہاتھوں اور مردوں کے ہاتھوں کی طرح ہے اور جیسا کہ یہ بات پہلے آچکی ہے کہ عورت پوری کی پوری چھپانے کی چیز ہے اس لئے اسے اپنے چہرے اور دونوں ہاتھوں کو چھپانا ہو گا لیکن ایسے کپڑے سے جو انسانی اعضاء کے

....

[1] ام المومنین حضرت عائشہ رضی اللہ عنہا فرماتی ہیں کہ ہم لوگ اللہ کے رسول ﷺ کے ساتھ حالتِ احرام میں تھے جب لوگ ہمارے پاس سے گذرتے تو ہم گھونگٹ نکال لیتے اور جب گذر جاتے تو چہرے پر سے کپڑا ہٹا لیتے۔

سنن ابوداؤد: ۱۸۳۳ کتاب المناسک باب فی المحرمۃ تغطی وجھھا۔

سنن ابن ماجہ: ۲۹۳۵ کتاب المناسک با المحرمۃ تسدل الثوب علی وجھھا۔

مطابق نہ سلا گیا ہو بعینہ اسی طرح جس طرح کہ مرد پاجامہ یا شلوار وغیرہ نہ پہنے گا تہبند کا استعمال کرے گا۔ واللہ سبحانہ اعلم۔

گذشتہ مفہوم سے متعلق مصنف علیہ الرحمہ نے سورۂ نور کی تفسیر میں جو وضاحت کی ہے اس سے چند اقتباسات۔

عورت کو بہت سی ایسی چیزوں سے بچانا اور محفوظ رکھنا ضروری ہے جن سے مردوں کو بچانا ضروری نہیں ہے اسی لئے صرف عورت کو پردہ کا حکم دیا گیا اور اظہار زینت و بے پردگی سے روکا گیا ہے۔

چنانچہ عورتوں کے لئے لباس کے ذریعہ پردہ پوشی کا اہتمام اور گھروں میں سکونت پذیر رہنا ضروری ہے جبکہ مردوں کے لئے یہ بات ضروری نہیں۔ کیونکہ عورتوں کا بے پردہ ہونا فتنہ و فساد کا سبب ہے جبکہ مرد ان کے نگراں ہیں۔

ارشاد باری تعالٰی ہے:

﴿قُلْ لِّلْمُؤْمِنِيْنَ يَغُضُّوْا مِنْ اَبْصَارِهِمْ وَيَحْفَظُوْا فُرُوْجَهُمْ ذٰلِكَ اَزْكٰى لَهُمْ﴾ (النور: ۳۰)

اِنَّ اللَّهَ خَبِيْرٌ بِمَا يَصْنَعُوْنَ ☆ وَ قُلْ لِّلْمُؤْمِنٰتِ يَغْضُضْنَ مِنْ اَبْصَارِهِنَّ وَ يَحْفَظْنَ فُرُوْجَهُنَّ وَلَا يُبْدِيْنَ زِيْنَتَهُنَّ اِلَّا مَا ظَهَرَ مِنْهَا وَلْيَضْرِبْنَ بِخُمُرِهِنَّ عَلٰى جُيُوْبِهِنَّ وَلَا يُبْدِيْنَ زِيْنَتَهُنَّ اِلَّا لِبُعُوْلَتِهِنَّ اَوْ اٰبَآئِهِنَّ اَوْ اٰبَآءِ بُعُوْلَتِهِنَّ اَوْ اَبْنَآئِهِنَّ اَوْ اَبْنَآءِ بُعُوْلَتِهِنَّ اَوْ اِخْوَانِهِنَّ اَوْ بَنِىْٓ اِخْوَانِهِنَّ اَوْ بَنِىْٓ اَخَوَاتِهِنَّ اَوْ نِسَآئِهِنَّ اَوْ مَا مَلَكَتْ اَيْمَانُهُنَّ اَوِ التّٰبِعِيْنَ غَيْرِ اُولِى الْاِرْبَةِ مِنَ =>

یعنی آپ مومن مردوں سے کہیں کہ اپنی نظروں کو نیچی رکھیں اور اپنی شرمگاہوں کی حفاظت کریں یہ ان کیلئے زیادہ پاکیزہ طریقہ ہے۔

اس آیتِ مبارکہ میں اللہ تبارک وتعالیٰ نے مرد وعورت دونوں کو اپنی نظریں نیچی رکھنے، شرمگاہ کی حفاظت کرنے اور توبہ کرنے کا حکم دیا ہے۔ اور خاص کرعورتوں کو یہ حکم بھی دیا ہے کہ وہ پردہ پوشی کا خاص اہتمام کریں، شوہروں اور جن جن رشتہ داروں کو اس آیت میں مستثنیٰ قرار دیا گیا ہے ان کے علاوہ کسی کے سامنے اپنی زیب وزینت کا اظہار نہ کریں البتہ زیب وآرائش کا جو حصہ خود بخود ظاہر ہو جیسے اوپر والا

....

<۔اﻟﺮِّﺟَﺎل اَوِ اﻟﻄِّﻔْﻞ اﻟَّﺬِﻳْﻦَ ﻟَﻢْ ﻳَﻈْﻬَﺮُوْا ﻋَﻠﯽٰ ﻋَﻮْرٰتِ اﻟﻨِّﺴَﺂءِ وَﻻَ ﻳَﻀْﺮِﺑْﻦَ ﺑِﺎَرْﺟُﻠِﻬِﻦَّ ﻟِﻴُﻌْﻠَﻢَ ﻣَﺎ ﻳُﺨْﻔِﻴْﻦَ ﻣِﻦْ زِﻳْﻨَﺘِﻬِﻦَّ وَﺗُﻮْﺑُﻮٓا اِﻟَﯽ اللهِ ﺟَﻤِﻴْﻌﺎً اَﻳُّﻪ اﻟْﻤُﺆْﻣِﻨُﻮْنَ ﻟَﻌَﻠَّﻜُﻢْ ﺗُﻔْﻠِﺤُﻮْنَ﴾ (النور: ۳۰،۳۱)

"جو کچھ وہ کرتے ہیں اللہ تبارک وتعالیٰ اس سے باخبر ہے اور مومن عورتوں سے بھی کہیں کہ وہ اپنی نظریں نیچی رکھیں اور اپنی شرمگاہوں کی حفاظت کریں اور اپنا بناؤ سنگھار نہ دکھلائیں بجز اس کے جو خود ظاہر ہو جائے اور اپنے سینوں پر اوڑھنیوں کے آنچل ڈالے رہیں۔ وہ اپنا بناؤ سنگھار نہ ظاہر کریں مگر ان لوگوں کے سامنے : اپنے شوہر، باپ، شوہروں کے باپ، اپنے بیٹے، شوہروں کے بیٹے، بھائی، بھائیوں کے بیٹے، بہنوں کے بیٹے، اپنی عورتوں، اپنے مملوک، وہ زیر دست مرد جو کسی قسم کی غرض نہ رکھتے ہوں۔ اور وہ بچے جو عورتوں کی پوشیدہ باتوں سے ابھی واقف نہیں ہیں۔ اور وہ اپنے پاؤں زمین پر مارتی ہوئی نہ چلا کریں کہ اپنی جو آرائش انہوں نے چھپا رکھی ہو اس کا لوگوں کو علم ہو جائے۔ اور اے مومنوں! تم سب کے سب اللہ سے توبہ کرو تا کہ فلاح پاؤ۔"

لباس وغیرہ تو کوئی حرج نہیں ۔ بشرطیکہ اس میں کوئی اور خرابی نہ ہو۔ کیونکہ اس کے اظہار سے چارۂ کار نہیں ۔حضرت عبداللہ بن مسعود رضی اللہ عنہ کا یہی قول ہے اور امام احمد بن حنبل رحمہ اللہ کا مشہور مذہب بھی یہی ہے ۔

حضرت عبداللہ بن عباس رضی اللہ عنہما کا مسلک ہے کہ چہرہ اور دونوں ہاتھ ظاہری زینت میں شمار ہیں ۔ امام احمد رحمہ اللہ سے بھی ایک روایت یہی ہے۔ اور علماء کی ایک جماعت جیسے امام شافعی رحمہ اللہ وغیرہ کا بھی یہی مذہب ہے ۔ نیز اللہ تبارک وتعالیٰ کا حکم ہے کہ عورتیں ” جلباب“ لٹکا یا کریں یعنی گھونگٹ نکالا کریں تاکہ وہ پہچانی نہ جائیں اور انہیں تنگ نہ کیا جائے ۔ یہ ارشاد ربانی پہلے مسلک کی دلیل ہے چنانچہ حضرت عبیدہ السلمانی وغیرہ کہتے ہیں کہ مسلمان عورتیں اپنی چادریں سر کے اوپر سے اس طرح لٹکا لیتی تھیں کہ راستہ دیکھنے کے لئے صرف ان کی آنکھیں کھلی رہتی تھیں ۔

اور صحیح بخاری کی روایت میں حالت احرام میں عورت کو نقاب اور دستانہ پہننے سے روکا گیا ہے۔ یہ اس بات کی دلیل ہے کہ نقاب اور دستانہ حالتِ احرام کے علاوہ عورتوں میں مشہور ومعروف تھا جس کا لازمی نتیجہ ہے کہ عورتوں کے چہرے اور ہاتھ چھپے رہتے تھے ۔

اور اللہ تبارک وتعالیٰ نے ہر ایسی حرکت وعمل سے عورتوں کو منع فرمایا جس سے سن کر یا کسی اور طرح ان کی پوشیدہ آرائش معلوم کی جا سکے۔ اللہ تعالیٰ کا فرمان ہے:

﴿وَلَا يَضْرِبْنَ بِأَرْجُلِهِنَّ لِيُعْلَمَ مَا يُخْفِيْنَ مِنْ زِيْنَتِهِنَّ﴾ (النور:۳۱)

پاؤں زمین پر مارتی ہوئی نہ چلیں کہ اپنی جو آرائش انہوں نے چھپا رکھی ہے اس کا لوگوں کو علم ہو جائے ۔ اور فرمایا:

﴿ وَلْيَضْرِبْنَ بِخُمُرِهِنَّ عَلىٰ جُيُوبِهِنَّ ﴾

اور اپنے سینے پر اپنی اوڑھنیوں کے آنچل ڈال لیں ۔

جب یہ آیت نازل ہوئی تو مسلمان عورتوں نے اپنی چادروں کو پھاڑ کر اپنی گردنوں پر لٹکا لیا۔

" جَیب" قمیص کی لمبائی میں شگاف کا نام ہے (جسے ہم گریبان کہتے ہیں) جب عورت اپنی چادر کو گریبان پر ڈالے گی تو اس کی گردن بھی چھپ جائے گی۔ بعد ازاں اسے یہ بھی حکم دیا گیا کہ وہ گھر سے باہر جانے کی صورت میں اپنی چادر کو اوپر سے لٹکا کر گھونگٹ نکال لے ۔ ہاں اگر وہ گھر ہی میں رہتی ہے تو گھونگٹ کا حکم نہیں ۔

صحیح بخاری اور صحیح مسلم میں ہے کہ جب آپ ﷺ نے حضرت صفیہ رضی اللہ عنہا کے ساتھ دخول فرمایا تو صحابہ کرام نے کہا کہ اگر آپ ﷺ نے انہیں پردہ کروایا تو ان کا شمار امہات المومنین میں ہوگا۔ اور اگر پردہ نہ کرایا تو لونڈی ہیں ۔ چنانچہ آپ ﷺ نے انہیں پردہ کروایا۔

اور عورتوں پر پردہ تو اس لئے فرض کیا گیا ہے کہ ان کے چہرے اور ہاتھ نہ دیکھے جا سکیں ۔ نیز پردہ آزاد عورتوں پر فرض ہے لونڈیوں پر نہیں ۔ چنانچہ عہد نبوی اور عہد خلفائے راشدین میں یہی معمول تھا کہ آزاد عورتیں پردہ کیا کرتی تھیں اور

لونڈیوں کے چہرے کھلے رہا کرتے تھے۔ حضرت عمر رضی اللہ عنہ جب کسی لونڈی کو چہرہ ڈھانپے ہوئے دیکھتے تو اسے مارتے اور فرماتے اری بیوقوف تو آزاد عورتوں سے مشابہت کرتی ہے۔ معلوم ہوا کہ لونڈیوں کا سر، چہرہ اور دونوں ہاتھ کھلے رہ سکتے ہیں۔

اسی طرح اللہ تبارک وتعالیٰ کا ارشاد ہے کہ:

﴿وَالْقَوَاعِدُ مِنَ النِّسَآءِ الَّتِیْ لَایَرْجُوْنَ نِکَاحاً فَلَیْسَ عَلَیْهِنَّ جُنَاحٌ اَنْ یَّضَعْنَ ثِیَابَهُنَّ غَیْرَ مُتَبَرِّجٰتٍ بِزِیْنَةٍ وَاَنْ یَّسْتَعْفِفْنَ خَیْرٌ لَّهُنَّ﴾ (النور: ٦٠)

"اور وہ عورتیں جو جوانی سے گذر بیٹھی ہوں اور نکاح کی امید وار نہ ہوں وہ اگر اپنی چادر اتار کر رکھ دیں تو ان پر کوئی گناہ نہیں۔ بشرطیکہ زینت کی نمائش کرنے والی نہ ہوں۔ تاہم وہ بھی حیاداری ہی برتیں تو ان کے حق میں اچھا ہے۔"

پس آیت میں ان بوڑھی عورتوں کو جو شادی کی خواہش نہیں رکھتیں رخصت دی گئی ہے کہ وہ حجاب والے کپڑے اتار سکتی ہیں۔ یعنی اس کے لئے جائز ہے کہ چادر نہ اوڑھے اور پردہ نہ کرے (بشرطیکہ اپنی زینت وآرائش کی نمائش نہ مقصود ہو) تو ان بوڑھی عورتوں کو عام آزاد عورتوں سے اس لئے مستثنیٰ کیا گیا کہ جو وجہ فساد عام جوان عورتوں میں ہوا کرتی ہے اب وہ ان بوڑھی عورتوں میں باقی نہیں رہی جس طرح مردوں میں ہے ﴿التّٰبِعِیْنَ غَیْرِ اُولِی الْاِرْبَةِ مِنَ الرِّجَالِ﴾

وہ (زیر کفالت مرد جو عورتوں کی خواہش نہ رکھتے ہوں) کو اظہار زینت کے

مسئلے میں مستثنیٰ کر دیا گیا ہے کیونکہ ان کے اندر وہ شہوت نہیں ہوتی جس سے فتنہ وخرابی پیدا ہو۔

بعینہ اسی طرح لونڈی سے فتنے کا خوف ہو تو اس پر واجب ہے کہ وہ بھی گھونگٹ نکالے اور پردہ کرے اور لوگوں پر بھی واجب ہے کہ اس سے نظریں نیچی رکھیں اور پھیر لیں کیوں کہ قرآن وسنت میں کہیں بھی نہیں ہے کہ عام لونڈیوں کی طرف دیکھنا جائز ہے یا انہیں پردہ پوشی کی ممانعت ہے اور انہیں اپنی زیبائش کی نمائش کی کھلی اجازت ہے لیکن امر واقعہ یہ ہے کہ قرآن کریم نے جن باتوں کا حکم آزاد عورتوں کو دیا ہے لونڈیوں کو نہیں دیا اور سنت نبوی نے عملاً دونوں میں فرق کیا ہے جبکہ کسی عام لفظ سے دونوں کا حکم الگ الگ نہیں بیان کیا بلکہ مسلمانوں کا عام معمول یہی تھا کہ صرف آزاد عورتیں ہی پردہ کیا کرتی تھیں لونڈیاں نہیں۔ اور قرآن مجید نے اسی حکم عام سے صرف بوڑھی عورتوں کو مستثنیٰ کیا ہے کہ ان پر پردہ واجب نہیں ٹھہرایا جیسا کہ بعض مردوں کو یعنی غیر اولی الإربۃ کو مستثنیٰ کیا کہ عورتیں ان کے سامنے آرائش اور پوشیدہ زینت کو ظاہر کر سکتی ہیں کیونکہ نہ تو ان بوڑھی عورتوں میں شہوت باقی رہی ہے اور نہ ہی ایسے مردوں سے کوئی خطرہ ہے لہٰذا اس قاعدۂ تحفظ کے پیش نظر بعض لونڈیوں کو عام حکم سے مستثنیٰ کرنا بدرجہ اولیٰ مناسب ہے یعنی وہ لونڈیاں جن کے پردہ نہ کرنے اور زینت خفیہ کی نمائش سے فتنے کا خطرہ ہو سکتا ہے۔ اسی طرح بعض محرم رشتہ داروں کے سامنے بھی پوشیدہ زینت کا اظہار جائز نہ ہوگا۔ جیسا کہ شوہر کے ایسے جوان بیٹے جن کے اندر شہوت اور عورتوں کے معاملات سے دلچسپی ہو۔

خلاصہ یہ کہ قرآن پاک کا حکم عام حالات وعادات کے پیش نظر ہے لیکن اگر کوئی معاملہ عام عادات سے مختلف ہو تو حکم بھی عام حالات سے مختلف ہو گا یعنی جب باندیوں کے بے پردہ باہر نکلنے اور ان کی طرف دیکھنے سے فتنے کا خطرہ ہو تو اس سے روکنا واجب ہوگا اور یہی حکم دوسری صورتوں میں بھی لاگو ہو گا۔

چنانچہ اگر باندیاں اور نابالغ بچے ایسے خوبصورت ہوں کہ ان کی طرف دیکھنے سے فتنہ کا خوف ہو تو علماء کی رائے میں ان کا بھی یہی حکم ہوگا۔

امام احمد مروزی رحمہ اللہ [١] بیان فرماتے ہیں کہ میں نے ابوعبداللہ یعنی امام احمد بن حنبل رحمہ اللہ سے پوچھا کہ اپنے غلام کی طرف دیکھنے کا کیا حکم ہے؟ آپ نے فرمایا اگر فتنے کا ڈر ہو تو نہ دیکھے۔

کتنی ہی نظریں ایسی ہیں جو دیکھنے والے کے دل میں مصیبت ڈال دیتی ہیں۔

....

[١] حضرت احمد بن محمد بن حجاج المروزی رحمہ اللہ امام اہل السنۃ احمد بن حنبل کے خاص شاگردوں میں ہیں امام احمد کو ان سے خاص انسیت تھی اور ان کی وفات کے بعد آنکھیں بند کرنے اور غسل دینے کا شرف انہیں کو حاصل ہوا۔

مروزی رحمہ اللہ نے ان سے نہ صرف فقہ وحدیث کا علم بلکہ فقہ وحدیث اور زہد وورع کا علم وعمل دونوں حاصل کئے حتیٰ کہ امام احمد رحمہ اللہ فرماتے تھے کہ جو کچھ تم بیان کرو وہ میری زبان ہے خواہ وہ بات میں نے کہی ہو یا نہیں۔ جمادی الاولیٰ ٢٧٥ھ کو بغداد میں وفات پائی اور اپنے استاذ کے پیر کے پاس دفن ہونا نصیب ہوا۔ طبقات الحنابلہ ١/ ٥٦، الاعلام ١/ ٣٥

یہی امام احمد مروزی رحمہ اللہ بیان کرتے ہیں کہ میں نے ابو عبداللہ سے سوال کیا کہ ایک شخص توبہ کرتا ہے اور کہتا ہے کہ اگر میری پیٹھ پر کوڑے بھی برسائے جائیں تب بھی میں گناہ کے قریب نہ جاؤں گا البتہ وہ نظر بازی سے باز نہیں آتا۔ اس شخص کے بارے میں آپ کا کیا فرمان ہے؟ آپ نے فرمایا کہ یہ کیسی توبہ ہے؟

حضرت جریر رضی اللہ عنہ بیان کرتے ہیں کہ میں نے رسول اللہ ﷺ سے اچانک پڑ جانے والی نظر کے بارے میں پوچھا تو آپ ﷺ نے فرمایا کہ " اصرِف بَصَرَک " اپنی نظر پھیر لو۔ [1]

امام ابن ابی الدنیا فرماتے ہیں کہ مجھے میرے والد اور سوید نے بتایا، انہیں ابراہیم بن ہراسہ نے، وہ عثمان بن صالح سے اور وہ حسن سے اور وہ ذکوان سے نقل کرتے ہیں کہ انہوں نے کہا مالداروں کے بچوں کے پاس نہ بیٹھو کیونکہ ان کی صورتیں عورتوں جیسی ہوتی ہیں اور وہ کنواری لڑکیوں سے بھی بڑا فتنہ ہیں ۔ [2]

مندرجہ بالا استدلال وقیاس چھوٹی برائی سے بڑی پر فتنہ کرنے کے باب سے ہے۔ آگے فرماتے ہیں کہ : یہی حکم ایک عورت کا دوسری عورت کے ساتھ ہے (یعنی اگر کوئی عورت عورتوں کے لئے فتنہ ہو تو اس سے بھی پردہ کیا جائے گا) اسی طرح

<hr>

[1] صحیح مسلم : ۲۱۵۹ کتاب الأدب باب نظر الفجأۃ ۔

سنن ابو داؤد : ۲۱۴۹ کتاب النکاح باب ما یؤمر بہ من غض البصر ۔

[2] علامہ البانی رحمہ اللہ فرماتے ہیں : کہ منقطع ہونے کے باوجود یہ اثر سخت ضعیف ہے کیونکہ اس سند میں واقع راوی ابراہیم بن ہراسۃ متروک ہے اور خود حسن ذکوان بھی ضعیف ہے ۔

عورت کے بعض محرم رشتہ دار جیسے شوہر کا بیٹا، شوہر کا پوتا، عورت کا بھتیجا، بھانجا اور عورت کا زرخرید غلام ان لوگوں کے نزدیک جو اسے محرم سمجھتے ہیں ۔ جب ان سے مرد یا عورت کے لئے فتنے کا خوف ہو تو اسے پردے کا حکم کیا جائے گا بلکہ پردہ واجب ہوگا۔ جن صورتوں میں اللہ تبارک وتعالیٰ نے فرمایا ہے کہ ﴿ ذٰلِكَ اَزْكیٰ لَھُمْ ﴾ یعنی یہ پردہ زیادہ پاکیزہ طریقہ ہے یعنی پاکبازی اور طہارت اور طریقوں سے بھی ہوسکتی ہے لیکن یہ طریقہ زیادہ پاکیزہ ہے۔ چونکہ نظر بازی اور بے پردگی سے شہوتِ قلبی اور لذتِ نظر کا حصول ہوتا ہے جس سے تزکیۂ نفس اور طہارتِ روح ختم ہو جاتی ہے لہذا ضروری ہے کہ نظر بازی سے بدرجۂ اولیٰ روکا جائے اور پردہ کو واجب قرار دیا جائے۔

امام مسلم رحمہ اللہ کے علاوہ باقی اصحاب ستہ نے روایت کی ہے کہ رسول اللہ صلی اللہ علیہ وسلم نے ہجڑوں اور مردوں کی صورت اختیار کرنے والی عورتوں کو لعنت کی ہے اور آپ نے فرمایا کہ ہجڑوں کو اپنے گھروں سے نکال دو، فلاں فلاں ہجڑے کو نکال باہر کرو۔ا‏

<hr>

ا‏ صحیح البخاری: ۵۸۸۶ کتاب اللباس باب اخراج المتشبہین بالنساء من البیوت۔

سنن ابوداؤد: ۴۹۳۰ کتاب الأدب – باب الحکم فی المخنثین۔

سنن الترمذی: ۲۷۸۵ کتاب الأدب باب ما جاء فی المتشبہات بالرجال من النساء۔

سنن النسائی: ۹۲۵۱ کتاب عشرۃ النساء باب لعن المترجلات۔

سنن ابن ماجہ: کتاب النکاح باب المخنثین عن عبداللہ بن عباس۔ اوپر منقول الفاظ ابوداود کے ہیں۔

بعض علماء نے ذکر کیا ہے کہ رسول اللہﷺ کے زمانے میں تین ہجڑے تھے، ہیم، ماتع اور ہیت۔ لیکن ان میں بڑی برائی نہ تھی بس ان کی نرم اور میٹھی باتوں میں، عورتوں کی طرح اپنے ہاتھ پیر رنگنے میں اور عورتوں جیسے کھیل کود میں ہی ان کا سارا ہجڑا پن تھا۔

سنن ابوداؤد میں ابو یسار القرشی عن ابی ہاشم عن ابی ہریرۃ مروی ہے کہ رسول اللہﷺ کی خدمت میں ایک ہجڑا لایا گیا جس نے اپنے ہاتھوں اور پیروں میں مہندی لگا رکھی تھی۔ آپﷺ نے پوچھا: اسے کیا ہوا ہے؟ بتایا گیا کہ یہ عورتوں کی مشابہت کرتا ہے آپ نے اسے شہر بدر کردینے کا حکم دیا اور اسے مقام نقیع[1] کی طرف نکال دیا گیا، آپﷺ سے دریافت کیا گیا کہ اسے قتل کردیں۔ آپﷺ نے فرمایا کہ "اِنِّی نُھِیْتُ عَنْ قَتْلِ الْمُصَلِّیْنَ" مجھے نمازیوں کے قتل سے روکا گیا ہے۔"[2]

جب آپﷺ نے اس قسم کے ہجڑوں کو آبادیوں سے نکال دینے کا حکم دیا ہے تو ظاہر ہے کہ اپنے جو ہجڑا آپ کو بلا روک ٹوک لوگوں کے حوالے کردے کہ لوگ اس سے لذت اندوز ہوں اس کے جسم کی خوب صورتی دیکھیں اور اسکے ساتھ بد فعلی

----

[1] "نقیع" منطقۂ حجاز کی بڑی بڑی وادیوں میں سے ایک ہے جو مدینہ منورہ کے جنوب میں واقع ہے، اس کا سب سے قریبی حصہ مدینہ منورہ سے چالیس کیلو میٹر اور سب سے بعید حصہ ۱۲۰ کیلو میٹر کی دوری پر ہے۔ (معجم المعالم الجغرافیہ فی السیرۃ ص :۳۲۰)

[2] سنن ابوداؤد: ۴۹۲۸ کتاب الأدب باب حکم المخنثین۔

بھی کریں تو ایسے ہجڑے کو مسلمان آبادی سے نکالنا اور شہر بدر کرنا اور زیادہ ضروری ہے ۔

ہجڑوں کے ذریعہ مردوں اور عورتوں دونوں میں بگاڑ پیدا ہوگا۔ کیونکہ وہ عورتوں کی مشابہت اختیار کرتا ہے اس لئے عورتیں اس کے ساتھ میل جول رکھ سکتی ہیں اور اس سے بری عادتیں بھی سیکھ سکتی ہیں اور چونکہ وہ مرد ہے اس لئے وہ عورتوں کو خراب بھی کردے گا۔ نیز جب مرد اس کی طرف رغبت کریں گے تو عورتوں سے اعراض کریں گے۔ علاوہ ازیں جب عورت دیکھے گی کہ فلاں مرد ہجڑوں کی مشابہت اختیار کرتا ہے تو وہ خود مردوں کی مشابہت اختیار کرے گی اور انہیں کے رنگ ڈھنگ اپنائے گی، پھر اسے دونوں جنسوں کے ساتھ اٹھنے بیٹھنے کا موقع ملے گا پھر یہ عورتوں کی مجامعت اختیار کرے گی جیسے کہ وہ ہجڑا مردوں کی مجامعت اختیار کرتا ہے ۔

اللہ سبحانہ وتعالیٰ نے کتابِ عزیز میں نظریں بچانے کا حکم دیا ہے جس کی دوقسمیں ہیں ۔

۱- شرم گاہ سے نظر بچانا۔   ۲- محلِ شہوت سے نظر بچانا۔

پہلی قسم کی مثال ہے کہ ایک مرد دوسرے مرد کی شرمگاہ سے اپنی نظر بچائے جیسا کہ آنحضرت ﷺ نے ارشاد فرمایا کہ:

$$\text{"لَا یَنْظُرِ الرَّجُلُ اِلٰی عَوْرَۃِ الرَّجُلِ وَلَا تَنْظُرِ الْمَرْأَۃُ اِلٰی عَوْرَۃِ الْمَرْأَۃِ"}_{١}$$

یعنی نہ تو مرد کسی دوسرے مرد کی شرمگاہ کو دیکھے اور نہ عورت کسی دوسری عورت

....

۱ یہ حدیث اس سے پہلے گذر چکی ہے۔

کی شرمگاہ کو دیکھے۔

چنانچہ ہر شخص پر واجب ہے کہ اپنی ستر پوشی کا پورا اہتمام کرے۔ آپﷺ نے حضرت معاویہ بن حیدہ رضی اللہ عنہ سے فرمایا کہ :

"اِحْفَظْ عَوْرَتَكَ اِلَّا عَنْ زَوْجَتِكَ اَوْ مَا مَلَكَتْ يَمِينُكَ"

" یعنی اپنی بیوی اور لونڈی کے سوا ہر ایک سے اپنی شرمگاہ کی حفاظت کرو۔"

وہ بیان فرماتے ہیں کہ میں نے عرض کیا: اے رسول اللہﷺ اگر ہم اپنے ساتھیوں کے ساتھ ہوں تب بھی؟ آپﷺ نے ارشاد فرمایا:

"اِنِ اسْتَطَعْتَ اَنْ لَّا يَرَيَنَّهَا اَحَدٌ فَلَا يَرَيَنَّهَا"

" اگر تیرے بس میں ہو کہ کوئی تیری شرمگاہ نہ دیکھ پائے تو کسی کو دیکھنے کا موقع نہ دے۔ پھر میں نے عرض کیا اگر کوئی اکیلا ہی ہو تو کیا حکم ہے؟ آپﷺ نے فرمایا:

" فَاللهُ اَحَقُّ اَنْ يُسْتَحْىٰ مِنْهُ"١

یعنی عام لوگوں کے مقابلے میں اللہ تعالیٰ سے شرم کرنا زیادہ ضروری ہے۔ اور بقدر ضرورت شرمگاہ کا ننگا کرنا جائز ہے جیسا کہ قضائے حاجت کے وقت - اسی طرح اگر مرد اکیلا غسل کر رہا ہو اور وہاں آڑ یا پردہ ہو تو ننگے غسل کرنا جائز ہے جیسا

....

١ یہ حدیث اس سے پہلے گذر چکی ہے۔

کہ حضرت موسیٰ اور ایوب علیہما السلام نے کیا تھا۔۱

---

۱ صحیح بخاری میں حضرت ابو ہریرہ رضی اللہ عنہ سے مروی ہے کہ اللہ کے رسولﷺ نے ارشاد فرمایا کہ بنو اسرائیل ایک ہی ساتھ ننگے نہایا کرتے تھے۔ حضرت موسیٰ علیہ السلام چونکہ بہت شرمیلے اور پردہ پوش تھے اس لئے وہ اکیلے غسل فرمایا کرتے تھے۔ بنو اسرائیل نے آپس میں کہا کہ موسیٰ اکیلے اس لئے نہاتے ہیں کہ یا تو انہیں برص کی بیماری ہے یا ان کا خصیہ بڑا ہے اور یا تو انہیں کوئی اور بیماری ہے (اللہ تبارک وتعالیٰ کو حضرت موسیٰ علیہ السلام کی براءت مقصود ہوئی) چنانچہ ایک بار حضرت موسیٰ علیہ السلام غسل کے لئے تشریف لے گئے اور اپنا کپڑا ایک پتھر پر رکھ دیا آپ جب غسل سے فارغ ہوئے اور کپڑا لینے کے لئے آگے بڑھے تو پتھر کپڑا لے کر بھاگا۔ آپ پتھر کے پیچھے تیزی سے بھاگے اور پکارتے رہے او پتھر! میرا کپڑا او پتھر! میرا کپڑا۔ یہاں تک کہ بنو اسرائیل کی ایک جماعت پر آپ کا گذر ہوا اور بنو اسرائیل نے دیکھا کہ آپ میں کوئی عیب نہیں ہے۔ موسیٰ علیہ السلام نے اپنا کپڑا لیا اور غصے سے پتھر پر اپنی لاٹھی مارنے لگے۔ یہاں تک کہ پتھر پر چھ یا سات ضربیں لگائیں جن کا نشان پتھر پر پڑ گیا۔ اس واقعے کی طرف اشارہ کرتے ہوئے اللہ تعالیٰ نے فرمایا:

﴿یٰۤاَیُّهَا الَّذِیۡنَ اٰمَنُوۡا لَا تَكُوۡنُوۡا كَالَّذِیۡنَ اٰذَوۡا مُوۡسٰی فَبَرَّاَہُ اللّٰہُ مِمَّا قَالُوۡا وَ كَانَ عِنۡدَ اللّٰہِ وَجِیۡهًا﴾ (الاحزاب:۶۹)

"اے ایمان والو! ان لوگوں جیسے نہ بنو جنہوں نے موسیٰ علیہ السلام کو تکلیفیں دیں لیکن اللہ تعالیٰ نے انہیں بے عیب دکھلایا اور وہ اللہ کے نزدیک بڑے معزز تھے"

صحیح البخاری: ۲۷۸ کتاب الغسل، ۳۴/۴ کتاب احادیث الانبیاء۔

صحیح مسلم: ۳۳۱ کتاب الحیض، ۲۳/۱ کتاب الفضائل۔ صحیح بخاری شریف میں حضرت =>

اور جیسا کہ فتح مکہ کے دن آپ ﷺ نے غسل فرمایا تھا۱

....

=< ابوہریرہ رضی اللہ عنہ سے مروی ہے کہ اللہ کے رسول ﷺ نے فرمایا: (شفایاب ہونے کے بعد) حضرت ایوب علیہ السلام ایک مرتبہ ننگے غسل فرما رہے تھے کہ اللہ تعالیٰ کی طرف سے سونے کی ٹڈیاں جھڑنے لگیں آپ علیہ الصلاۃ والسلام انہیں جلدی جلدی اپنے کپڑے میں سمیٹنے لگے۔ اللہ تعالیٰ نے پکار کر کہا: اے ایوب جو کچھ سمیٹ رہے ہو کیا ہم نے تمہیں اس سے بے نیاز نہیں کیا؟ آپ علیہ الصلاۃ والسلام نے عرض کیا تیری عزت وجلال کی قسم (تو نے مجھے ان سے بے نیاز کردیا ہے) لیکن تیری برکات سے میں کبھی بھی بے نیاز نہیں ہوسکتا۔ صحیح البخاری: ۹۷؍۲ کتاب الغسل ۳۳۹۱ احادیث الانبیاء۔

۱ شیخ الاسلام رحمہ اللہ کا اشارہ حضرت ام ہانی رضی اللہ عنہا سے مروی درج ذیل روایت کی طرف ہے کہ فتح مکہ کے دن آپ ﷺ کے پاس میں گئی دیکھا کہ آپ غسل فرما رہے ہیں اور حضرت فاطمہ رضی اللہ عنہا ایک کپڑے سے آپ ﷺ کو پردہ کئے ہوئے ہیں ۔ میں نے سلام کیا تو آپ نے پوچھا کون ہو؟ میں نے عرض کیا، ام ہانی ہوں۔ آپ نے فرمایا: خوش آمدید اے ام ہانی ،جب آپ غسل سے فارغ ہوئے تو ایک ہی کپڑے میں لپٹ کر چاشت کی آٹھ رکعت نماز پڑھی۔ الحدیث ۔

صحیح البخاری: ۳۵۷ کتاب الصلاۃ باب ۴، صحیح مسلم کتاب الحیض باب تستر المُغتَسِل بِثَوبٍ وَنَحْوِہِ۔ ۳۳۶

اور جیسا کہ حضرت میمونہ رضی اللہ عنہا کی روایت میں آپ ﷺ کا غسل فرمانا مذکور ہے ۔ -١

البتہ نظر کی دوسری قسم یعنی کسی اجنبی عورت کی پوشیدہ زینت کی طرف دیکھنا تو یہ پہلی قسم سے بھی زیادہ سخت ہے۔ جیسے کہ شراب پینا، مردار، خون اور سور کی گوشت کھانے سے زیادہ برا ہے۔ اس لئے کہ شراب پینے پر حد مقرر ہے لیکن اگر کوئی بغیر عذر کے ان محرمات کو کھاتا پیتا ہے تو اس پر تعزیر ہے کیونکہ جس طرح شراب کی طرف طبیعت کا میلان ہوتا ہے ان محرمات کی طرف نہیں ہوتا۔ یہی معاملہ مردوں کی شرمگاہ کی طرف دیکھنے کا ہے کہ جس طرح عورت یا اس کے ہم مثل کی طرف دیکھنے کی خواہش ہوتی ہے مرد کی شرمگاہ دیکھنے کی اس طرح خواہش نہیں ہوتی ۔ نابالغ بچے کی طرف شہوت سے دیکھنا بھی اسی حکم میں داخل ہے اور علماء کا اس کی حرمت پر اتفاق ہے جس طرح کہ اجنبی عورت اور بنظر شہوت محارم کی طرف دیکھنے کی حرمت

....

حضرت میمونہ رضی اللہ عنہا فرماتی ہیں کہ ہم نے اللہ کے رسول ﷺ کے لئے غسل کا پانی رکھا، جب آپ غسل فرمانے لگے تو ایک کپڑے سے ہم نے آپ کو پردہ کر دیا آپ نے اپنے ہاتھوں پر پانی ڈالا اور انہیں دھویا پھر دائیں ہاتھ سے اپنے بائیں ہاتھ میں پانی لے کر اپنی شرمگاہ کو دھویا پھر اپنے دونوں ہاتھوں کو دھویا، پھر اپنے سر پر پانی ڈالا اور پورے جسم پر بہایا اور اس جگہ سے ہٹ کر اپنے پیروں کو دھویا، پھر پانی پونچھنے کے لئے ہم نے آپ کو ایک کپڑا دیا۔ لیکن آپ نے واپس کر دیا۔

صحیح البخاری: ٧٦/٢ کتاب الغسل باب ١٨ صحیح مسلم: ٣٧٤ کتاب الحیض باب التستر بثوب۔

پر اتفاق ہے آگے فرماتے ہیں:

اسی طرح امرد (یعنی نابالغ بچہ اور وہ جوان جس کو ابھی داڑھی مونچھ نہ آئی ہو) کی طرف دیکھنا تین قسم کا ہے۔ پہلی صورت۔ امرد کی طرف بنظرِ شہوت دیکھنا، یہ بالاتفاق حرام ہے۔ دوسری صورت۔ یقین کے ساتھ کہا جاسکے کہ اس دیکھنے میں شہوت قطعاً نہیں ہے۔ جیسا کہ کسی نیک و پرہیزگار آدمی کا اپنے خوبصورت بیٹے اور بیٹی اور اپنی خوبصورت ماں کی طرف دیکھنا۔ کیونکہ اس صورت میں شہوت کا سوال ہی پیدا نہیں ہوتا۔ الا یہ کہ وہ انتہائی بدکردار شخص ہو۔ خلاصہ یہ ہے کہ جہاں کہیں بھی دیکھنے کے ساتھ شہوت کا وجود ہو وہ دیکھنا حرام ہو جائے گا۔

یہی حکم اس شخص کے دیکھنے کا بھی ہے کہ جس کا دل امرد کی طرف مائل ہی نہ ہوتا ہو جیسے کہ صحابہ کرام رضوان اللہ علیھم اجمعین تھے یا وہ قومیں جو اس برائی کو جانتی ہی نہیں بلکہ ان کے نزدیک اپنے لڑکے کی طرف دیکھنے، اور اپنے پڑوسی کے بچے یا کسی اجنبی بچے کی طرف دیکھنے میں کوئی فرق نہیں۔ اس سے ان کے دل میں کسی قسم کی شہوت پیدا نہیں ہوتی کیونکہ وہ اسکے عادی نہیں ہیں اس لئے کہ ان کا دل صاف ہے۔ چنانچہ عہد صحابہ میں لونڈیاں کھلے سر راستوں سے گذرتی تھیں اور مردوں کی خدمت بھی کیا کرتی تھیں اس کے باوجود ان کے دل صاف تھے۔[1] لیکن آج کے

____

[1] علامہ البانی رحمہ اللہ فرماتے ہیں کہ شاید مصنف کا اشارہ سنن کبریٰ البیہقی کی درج ذیل =>

دور میں اگر کوئی شخص خوبصورت ترکی لونڈیوں کو ان ہی کی طرح شہر میں آزاد چھوڑ دے کہ لوگوں کے درمیان گھومیں پھریں تو اس سے فساد کا دروازہ کھل جائے گا۔

اسی طرح خوبصورت نابالغ بچوں کے لئے بھی مناسب نہیں کہ بلا ضرورت وہ ایسے گلی کوچوں میں پھرتے رہیں جہاں فتنے کا ڈر ہو۔ لہذا خوبصورت نابالغ بچوں کو نہ کپڑے اتارنے دیا جائے اور نہ اجنبی لوگوں کے ساتھ حمام میں بیٹھنے دیا جائے۔ اور نہ اجنبی لوگوں کے بیچ انہیں ناچنے کی اجازت دی جائے۔ بلکہ اسی طرح ہر اس کام سے روکا جائے جس میں لوگوں کے لئے فتنے کا خطرہ ہو۔ اور نظر کا مسئلہ اسی اصول کے مطابق ہوگا۔

مذکورہ بالا دونوں قسموں کا حکم علماء کے نزدیک متفق علیہ ہے لیکن نظر کی تیسری قسم کے متعلق اختلاف ہے یعنی امرد (نابالغ لڑکے) کی طرف بغیر شہوت کے دیکھنا جبکہ شہوت کے ابھرنے کا خطرہ ہو۔ اس بارے میں امام احمد بن حنبل رحمہ اللہ کے دو قول ہیں۔ زیادہ صحیح یہ ہے کہ ایسی نظر جائز نہیں ہے اور یہی حکم امام شافعی رحمہ اللہ اور دوسرے لوگوں سے بھی منقول ہے۔

دوسرا قول یہ ہے کہ ایسی نظر جائز ہے کیونکہ اصل شہوت کا نہ ابھرنا ہے اور کوئی چیز محض شک کی بنیاد پر حرام نہیں کی جاسکتی بلکہ ایسی نظر مکروہ ہوسکتی ہے۔ لیکن پہلا

....

=> روایت کی طرف ہے۔ حضرت انس بن مالک رحمہ اللہ فرماتے ہیں کہ حضرت عمر رضی اللہ عنہ کی لونڈیاں ہماری خدمت کیا کرتی تھیں۔ درانحالیکہ ان کے بال ننگے ہوتے اور ان کی چھاتیاں حرکت کرتیں۔ اس اثر کی سند حسن ہے۔ البیہقی ۲/ ۲۲۷۔

مذہب ہی راجح اور قوی ہے جس طرح کہ مذہب امام شافعی اور امام احمد رحمہما اللہ میں راجح قول یہی ہے کہ اجنبی عورت کی طرف بغیر ضرورت کے دیکھنا جائز نہیں اگرچہ شہوت بالکل معدوم ہو۔ کیونکہ شہوت کے ابھرنے کا خوف تو بہر حال موجود ہے۔ اسی وجہ سے اجنبی عورت سے تنہائی میں ملاقات کرنا بھی حرام ہے۔ کیونکہ یہ فتنے کا سبب بن سکتی ہے اور قاعدۂ مسلمہ ہے کہ جو عمل فتنہ کا ذریعہ بن سکتا ہو وہ حرام ہے اس لئے اگر کوئی واقعی ضرورت نہ ہو تو ہر اس راستے کو بند کرنا ضروری ہے جو کسی وجہ سے فتنے کا سبب بن سکتا ہے۔

بنا بریں ہر وہ نظر جو فتنہ کا ذریعہ بن سکتی ہو اور کوئی خاص ضرورت بھی نہ ہو، وہ حرام ہے۔ ہاں اگر کوئی راجح ضرورت ہو تو جائز ہے۔ مثلاً پیغام نکاح دینے والے کا اپنی ہونے والی بیوی کو دیکھنا، یا ڈاکٹر کا مریض خاتون کو دیکھنا وغیرہ۔ ایسی صورت میں دیکھنا جائز ہے۔ بشرطیکہ بغیر شہوت کے ہو اور اگر ضرورت وحاجت درپیش نہ ہو تو محل فتنہ کو دیکھنا جائز نہ ہوگا۔

جہاں تک آنکھوں کا تعلق ہے انہیں کھلی رکھنا اور ان سے دیکھنا ایک ضرورت ہے اور جب آنکھیں کھلی ہوں گی تو بسا اوقات اچانک بلا ارادہ نظر پڑ جائے گی۔ لہذا اسے مطلقاً نیچی رکھنا ممکن نہیں۔ اسی لئے اللہ تبارک وتعالیٰ نے اپنے بندوں کو نظروں کے کچھ نیچی رکھنے کا حکم دیا ہے جیسا کہ حضرت لقمان نے اپنے بیٹے کو آواز کچھ پست رکھنے کی وصیت کی تھی۔

اور جہاں تک اللہ تبارک وتعالیٰ کے فرمان: ﴿اِنَّ الَّذِیۡنَ یَغُضُّوۡنَ

اَصْوَاتَهُمْ عِنْدَ رَسُوْلِ اللّٰهِ ﷺ کا تعلق ہے تو اس میں ان لوگوں کی تعریف کی گئی ہے جو اللہ کے رسول ﷺ کے حضور اپنی آواز مطلقاً پست رکھتے ہیں ۔ کیونکہ انہیں یہی حکم ہے۔اور خدمت رسول ﷺ میں حاضری کے وقت آوازیں بلند کرنے سے منع کیا گیا ہے تو رسول اللہ صلی اللہ علیہ وسلم کے پاس مطلقاً آواز پست کرنا ایک خاص حکم ہے جو پسندیدہ ہے اور بندہ ہر وقت اور ہر حالت میں آواز پست رکھ سکتا ہے لیکن اسے اس کا حکم نہیں دیا گیا ہے بلکہ بعض موقعوں پر اسے بلند کرنیکا حکم دیا گیا ہے۔ یہ الگ بات ہے کہ کہیں یہ حکم وجوب کا درجہ رکھتا ہے۔ اور کہیں استحباب کا ۔ اسی لئے اللہ تعالٰی نے ارشاد فرمایا:﴿وَاغْضُضْ مِنْ صَوْتِكَ﴾(سوره لقمان:۱۹)

اور اپنی آواز کچھ پست رکھو- آواز اور نظر کا پست رکھنا دل میں داخل ہونے اوراس سے نکلنے والی چیز کی جامع ہے- کیونکہ سماعت کے راستے کوئی بات دل میں داخل ہوتی ہے اور آواز کے ذریعے باہر آتی ہے جیسا کہ ایک دوسرے مقام پر اللہ تعالٰی نے ان دونوں اعضاء کا اکٹھا ذکر کیا ہے۔ فرمایا:

﴿اَلَمْ نَجْعَل لَّه عَيْنَيْنِ ★ وَلِسَانًا وَّشَفَتَيْنِ﴾ (سورة البلد : ۸-۹)

....

اِپوری آیت اس طرح ہے ﴿اِنَّ الَّذِيْنَ يَغُضُّوْنَ اَصْوَاتَهُمْ عِنْدَ رَسُوْلِ اللّٰهِ اُولٰٓئِكَ الَّذِيْنَ امْتَحَنَ اللّٰهُ قُلُوْبَهُمْ لِلتَّقْوٰى لَهُمْ مَّغْفِرَةٌ وَّ اَجْرٌ عَظِيْمٌ﴾(الحجرات:۳) جولوگ رسول اللہ ﷺ کے پاس دبی آواز سے بولتے ہیں وہی ہیں جن کے دلوں کو اللہ تعالٰی نے ادب کیلئے جانچ لیا ہے۔ان کے لئے معافی اور بڑا ثواب ہے۔

کیا ہم نے اسے دو آنکھیں اور ایک زبان اور دو ہونٹ نہیں دیئے۔

یعنی آنکھ اور نظر کے ذریعے دل معاملات کی خبر پاتا ہے اور زبان اور آواز معاملات کو دل سے باہر لاتے ہیں۔ تو معلوم ہوا کہ آنکھیں دل کی راہبر خبر پہونچانے والی اور ٹوہ لگانے والی ہوتی ہیں اور زبان دل کی ترجمانی کرتی ہے۔

پھر آگے اللہ تعالیٰ ارشاد فرماتا ہے کہ:

﴿ذٰلِكَ اَزْکیٰ لَهُمْ﴾ (النور: ۳۰)

یہ ان کے لئے زیادہ ستھرا اور پاکیزہ طریقہ ہے۔

اس کا یہ بھی ارشاد ہے:

﴿خُذْ مِنْ اَمْوَالِهِمْ صَدَقَةً تُطَهِّرُهُمْ وَتُزَكِّيهِمْ بِهَا﴾ (التوبة:۱۰۳)

آپ ان کے مالوں سے صدقہ لیکر انہیں پاک کریں اور انہیں با برکت کریں۔

ایک اور جگہ ارشاد ہوتا ہے:

﴿اِنَّمَا يُرِيْدُ اللّٰه لِيُذْهِبَ عَنْكُمُ الرِّجْسَ اَهْلَ الْبَيْتِ وَيُطَهِّرَكُمْ تَطْهِيْراً﴾ (احزاب:۳۳)

اے اہل بیت اللہ تو یہی چاہتا ہے کہ تم سے گندگی کو دور کرے اورتمہیں پوری طرح پاک کردے۔

آیت استیذان میں ارشاد ہے کہ:

﴿وَاِنْ قِيْلَ لَكُمُ ارْجِعُوْا فَارْجِعُوْا هُوَ اَزْكیٰ لَكُمْ﴾ (النور:۳۸)

اور اگرتم سے کہا جائے کہ واپس چلے جاؤ تو واپس ہو جاؤ یہ تمہارے لئے زیادہ

پاکیزہ طریقہ ہے:

ایک اور جگہ ارشاد ہے:

﴿ فَسْـَٔلُوهُنَّ مِنْ وَرَآءِ حِجَابٍ ذٰلِكُمْ اَطْهَرُ لِقُلُوبِكُمْ وَقُلُوبِهِنَّ ﴾

(احزاب: ۵۳)

نبی ﷺ کی بیویوں سے اگر تمہیں کچھ مانگنا ہو تو پردے کے پیچھے سے مانگا کرو، یہ تمہارے اور ان کے دلوں کی پاکیزگی کے لئے زیادہ مناسب طریقہ ہے۔ مزید ارشاد ہے کہ:

﴿ فَقَدِّمُوا بَيْنَ يَدَىْ نَجْوٰىكُمْ صَدَقَةً ذٰلِكَ خَيْرٌ لَّكُمْ وَاَطْهَرُ ﴾

(المجادلہ: ۱۲)

جب تمہیں اللہ کے رسول سے سرگوشی کرنی ہو تو اس تخلیہ اور سرگوشی سے پہلے کچھ صدقہ پیش کرو یہ تمہارے لئے بہتر اور زیادہ پاکیزہ طریقہ ہے۔

اور آپ ﷺ دعا فرمایا کرتے تھے:

"اَللّٰهُمَّ طَهِّرْ قَلْبِیْ مِنْ خَطَايَاىَ بِالْمَاءِ وَالثَّلْجِ وَالْبَرَدِ" فی روایۃ البخاری : اَللّٰهُمَّ اغْسِلْ عَنِّیْ خَطَایَ بِمَاءِ الثَّلْجِ وَالْبَرَدِ۔[1]

اے اللہ میرے دل کو گناہوں سے پانی برف اور اولے کے ذریعے پاک کردے۔

---

[1] اس سلسلے کی روایات کے الفاظ اس سے قدرے مختلف ہیں۔ دیکھئے : صحیح البخاری:۶۳۶۸ کتاب الدعوات باب التعوذ من المأثم والمغرم۔ سنن الترمذی: ۳۵۴۷ کتاب الدعوات باب دعاء النبی ﷺ ، کتاب الدعاء للطبرانی: ۱۴۴۱۔

اور نماز جنازہ پڑھاتے ہوئے آپﷺ نے یہ دعا پڑھی :

"وَاغْسِلْهُ بِمَاءٍ وَثَلْجٍ وَبَرَدٍ وَ نَقِّهٖ مِنَ خَطَايَاهُ كَمَا يُنَقَّى الثَّوبُ الْاَبْيَضُ مِنَ الدَّنَسِ"[1]

اے اللہ اسے پانی، برف اور اولے کے ذریعہ پاک کردے اوراسے گناہوں سے اس طرح صاف کردے جس طرح سفید کپڑا میل کچیل سے پاک کیا جاتا ہے۔

مذکورہ بالا آیات واحادیث میں طہارت سے مراد گناہوں سے پاکی ہے کیونکہ گناہوں کو رجس یعنی ناپاکی سے تعبیر کیا گیا ہے - واللہ اعلم بالصواب -

اور لفظ "زکاۃ" طہارت سے زیادہ وسیع مفہوم رکھتا ہے جو طہارت یعنی گناہوں سے پاکی کو بھی شامل ہے اور اعمال صالحہ کی زیادتی اور ترقی کو بھی شامل ہے۔ مغفرت ورحمت، عذاب سے چھٹکارا - ثواب کا حصول، برائی سے دوری اور بھلائی کا حصول وغیرہ یہ سب معانی لفظ "زکاۃ" میں شامل ہیں - رہا مسئلہ " نظر فجأة" یعنی اچانک پڑنے والی نظر کا تو وہ معاف ہے بشرطیکہ اپنی نظر کو پھیرلے جیسا کہ حدیث کی مستند کتابوں میں ہے :

حضرت جریر رضی اللہ عنہ بیان کرتے ہیں کہ میں نے اللہ کے رسولﷺ سے دریافت کیا کہ اچانک پڑ جانے والی نظر کا کیا حکم ہے تو آپﷺ نے فرمایا:

....

[1] صحیح مسلم:۹۶۳ كتاب الجنائز باب الدعاء للميت فى الصلاة عن عوف بن مالك ـ سنن النسائى:۷۳/۴ كتاب الجنائز باب الدعاء۔ سنن ابن ماجہ : ۱۵كتاب الجنائز باب الدعاء للميت فى الصلاة۔

"اِصْرَفْ بَصَرَكَ" [1] اپنی نظر پھیر لو۔ اس طرح کتب "سنن" میں حضرت علی رضی اللہ عنہ سے مروی ہے کہ رسول اللہ ﷺ نے ان سے ارشاد فرمایا:

"یَا عَلِیُّ لَا تَتَّبِعِ النَّظْرَةَ النَّظْرَةَ فَاِنَّمَا لَكَ الْاُوْلیٰ وَلَیْسَتْ لَكَ الثَّانِیَةَ" [2]

اے علی! ایک بار نظر پڑ جانے کے بعد دوبارہ نظر کو اسکے پیچھے نہ لگاؤ کیونکہ پہلی نظر تو تمہیں معاف تھی لیکن اب دوسری معاف نہیں۔

اور مسند احمد وغیرہ کی روایت میں ہے کہ:

"النَّظْرُ سَهْمٌ مَسْمُومٌ مِنْ سَهَامِ اِبْلِیسَ" [3]

"نظر شیطان کے تیروں میں سے ایک زہریلا تیر ہے"

اور مسند احمد کی ایک دوسری روایت میں ہے کہ:

....

[1] صحیح مسلم: ۲۱۵۱ کتاب الادب نظر الفجأۃ۔ سنن ابوداؤد: ۲۱۴۸ کتاب النکاح باب ما یؤمر به من غض البصر۔ سنن الترمذی : ۲۷۷۶ کتاب الادب باب نظر الفجأۃ۔

[2] سنن ابوداؤد: ۲۱۴۹ کتاب النکاح باب ما یؤمر به من غض البصر ۔ سنن الترمذی: ۲۷۷۷ کتاب الادب باب نظر الفجأۃ۔ مسند احمد: ۳۵۳/۵ ۔

[3] مسند احمد میں یہ روایت مجھے نہیں مل سکی اور نہ ہی اس حدیث پر کلام کرتے ہوئے علامہ البانی نے اس کی نسبت مسند احمد کی طرف کی ہے۔ البتہ یہ حدیث مستدرک الحاکم وغیرہ میں موجود ہے۔

مستدرک الحاکم ۳۱۴/۴ ،مسند الشہاب : ۲۹۲ - ۱/ ۱۹۵ عن حذیفہ

"مَنْ نَظَرَ اِلٰى مَحَاسِنِ امْرَأَةٍ ثُمَّ غَضَّ بَصَرَهٗ اَوْرَثَ اللّٰهُ قَلْبَهٗ حَلَاوَةَ عِبَادَةٍ يَجِدُهَا اِلٰى يَوْمِ الْقِيَامَةِ"[1] او كما قال

جس شخص کی نظر کسی اجنبی عورت کے حسن وزینت پر پڑی اور پھر اس نے اپنی نظر پھیر لی تو اللہ تبارک وتعالیٰ اس کے دل میں ایسی لذت عبادت پیدا کر دے گا کہ اس کا اثر وہ قیامت تک محسوس کرتا رہے گا۔

اسی لئے کہا گیا ہے کہ جن صورتوں کا دیکھنا حرام ہے جیسے کہ عورت اور خوبصورت نابالغ لڑکا وغیرہ ان سے نظر پھیر لینے سے تین بڑے اہم فائدے حاصل ہوتے ہیں۔

۱- ایمان کی چاشنی اور لذت، جو اللہ واسطے چھوڑی ہوئی اس لذت سے بہت ہی شیریں اور بہتر ہے۔

چنانچہ اللہ کے رسولﷺ کا ارشاد ہے:

"مَنْ تَرَكَ شَيْئًا لِلّٰهِ عَوَّضَهُ اللّٰهُ خَيْرًا مِنْهُ"[2]

---

[1] مسند احمد ۵/۲۶۴، الطبرانی ۷/۲۴۷ من ابی امامۃ۔

علامہ البانی رحمہ اللہ فرماتے ہیں کہ یہ دونوں حدیثیں سخت ضعیف ہیں۔ دیکھئے سلسلہ الاحادیث الضعیفہ رقم ۱۰۶۴، ۱۰۶۵۔

[2] مسند احمد ۶/۳۶۳ وغیرہ میں ایک صحابی سے مروی ہے کہ اللہ کے رسولﷺ نے ارشاد فرمایا:

"اِنَّكَ لَنْ تَدَعَ شَيْئًا لِلّٰهِ عَزَّوَجَلَّ اِلَّا اَبْدَلَكَ اللّٰهُ بِهٖ مَا هُوَ خَيْرٌ لَّكَ"

اگر تم کوئی چیز صرف اللہ رب العزت کے لئے چھوڑ دو گے تو اللہ اس کے بدلے اس=>

63

" جو شخص کوئی چیز صرف اللہ کے لئے چھوڑ دیتا ہے تو اللہ تعالیٰ اس کے بدلے اس سے بہتر چیز عطا فرماتا ہے۔

۲- دوسرا فائدہ یہ ہے کہ اس سے دل میں نور اور فراست پیدا ہوتی ہے۔ قوم لوط سے متعلق ارشاد باری تعالیٰ ہے:

﴿لَعَمْرُكَ اِنَّهُمْ لَفِیْ سَكْرَتِهِمْ یَعْمَهُوْنَ﴾ (الحجر:۷۲)

"تیری جان کی قسم یہ لوگ اپنے نشے میں مدہوش ہیں۔"

معلوم ہوا کہ صورتوں سے لگاؤ، عقل کے اندر فساد، کوتاہ نظری اور دل کی مدہوشی بلکہ جنون کا سبب بن جاتا ہے۔ اس لئے اللہ تعالیٰ نے آنکھوں کو بچا کر رکھنے والی آیت کے بعد آیت نور کا ذکر فرمایا ہے کہ:

﴿اَللّٰهُ نُوْرُ السَّمٰوَاتِ وَالْاَرْضِ﴾

اللہ تعالیٰ زمین و آسمان کا نور ہے۔

شاہ بن شجاع الکرمانی! کی فراست اور دور بینی کبھی غلطی نہیں کرتی تھی وہ فرماتے تھے: جس نے اپنے ظاہر کو سنت کی پیروی سے سجایا، اور باطن پر ہمیشہ پہرہ

....

=> سے بہتر چیز تمہیں عطا کرے گا۔

ٰ آپ کی کنیت ابوالفوارس ہے شاہی خاندان سے تعلق رکھتے تھے۔لیکن تمام دنیاوی نعمت کو چھوڑ کر تن من سے تصوف کے راستے پر لگ گئے ۲۷۰ھ کے بعد آپ کی وفات ہوئی۔

حلیۃ الاولیاء۱۰/ ۲۳۸، صفوۃ الصفوۃ ۴/ ۷۶

داری رکھی، اور اپنی نظر سے حرام کو محفوظ رکھا، اور نفس کو شہوات سے بچائے رکھا ۔ اور اس کے بعد ایک [1] پانچویں چیز کا ذکر فرمایا غالباً اکل حلال ہے تو اس کی فراست نظر کبھی غلطی نہیں کرسکتی ۔

اور اللہ تبارک وتعالیٰ کا دستور ہے کہ وہ بندے کو اس کے عمل کی قسم سے بدلہ دیتا ہے اور اس لئے اللہ تبارک وتعالیٰ اس کی نورِ بصیرت کو اور جِلا دیتا ہے، علم ومعرفت کا دروازہ اس پر کھول دیتا ہے اور اس قسم کی اور بہت سی چیزیں جن کا تعلق قلبی بصیرت سے ہوتا ہے بندے کو حاصل ہو جاتی ہیں ۔

۳۔ نظر کو فواحش سے محفوظ رکھنے کا تیسرا فائدہ ۔ دل کی قوت، ثابت قدمی، پختہ عزمی اور دلیری کا حصول ہے، ایسے بندے کو اللہ تعالیٰ قوت دلیل کے ساتھ ساتھ بصیرت بھی عطا فرماتا ہے چنانچہ خواہشاتِ نفس کو پچھاڑ دینے والے بندے کے سائے سے شیطان بھی بھاگتا ہے۔ جبکہ وہ شخص جو اسیر ہوس ہو اس کے اندر ذلت نفس، بزدلی اور خست و اہانت جیسی کمزوریاں پائی جاتی ہیں جنہیں اللہ تبارک وتعالیٰ نے اپنے نافرمانوں کے لئے سزا بنا رکھا ہے۔

اللہ تعالیٰ نے عزت اپنے اطاعت گذار بندوں کے لئے اور ذلت وخواری اپنے

....

[1] علامہ البانی رحمہ اللہ فرماتے ہیں کہ یہ مصنف علیہ الرحمۃ کیطرف سے ہے کیونکہ غالباً انھوں نے اپنی یادداشت سے نقل کیا ہے۔ حلیۃ الاولیاء کے الفاظ یہ ہیں، وعودنفسہ اُکل الحلال یعنی حلال کھانے کی اپنی عادت بنالی ۔

نافرمانوں کے لئے لکھ رکھی ہے۔ ارشاد باری تعالیٰ ہے:

﴿يَقُوْلُوْنَ لَئِنْ رَّجَعْنَآ اِلَى الْمَدِيْنَةِ لَيُخْرِجَنَّ الْاَعَزُّ مِنْهَا الْاَذَلَّ وَلِلّٰهِ الْعِزَّةُ وَلِرَسُوْلِهٖ وَلِلْمُؤْمِنِيْنَ﴾ (المنافقون:۸)

یہ منافق کہتے ہیں کہ ہم مدینہ واپس پہنچ جائیں تو جو عزت والا ہے وہ ذلیل کو وہاں سے باہر کرے گا۔ حالانکہ عزت تو اللہ، اس کے رسول اور مومنین کیلئے ہے۔

دوسری جگہ ارشاد ہے:

﴿وَلَا تَهِنُوْا وَلَا تَحْزَنُوْا وَاَنْتُمُ الْاَعْلَوْنَ اِنْ كُنْتُمْ مُّؤْمِنِيْنَ﴾ (آل عمران:۱۳۹)

"دل شکستہ نہ ہو غم نہ کرو اگر تم مومن ہو تو تم ہی غالب رہو گے۔"

اس لئے علماء کا کہنا ہے کہ لوگ بادشاہوں کے دروازے پر عزت تلاش کرتے ہیں حالانکہ وہ صرف اللہ کی اطاعت میں ہے۔ حسن بصری رحمہ اللہ فرماتے ہیں کہ اگر چہ عمدہ سدھائے ہوئے گھوڑے انہیں تیزی سے لے اڑیں اور اپنی ٹاپوں کے ساتھ انہیں لیکر آگے بڑھیں لیکن ذلت و رسوائی ان کی گردنوں پر سوار رہے گی اللہ تبارک و تعالیٰ کا یہ اٹل فیصلہ ہے کہ وہ اپنے نافرمانوں کو رسوا کرے گا۔ اور جس نے

- -

۱ باپ کا نام یسار اور کنیت ابوسعید ہے۔ اہل بصرہ کے امام اور وقت کے علامہ تھے۔ آپ کی ذات کسی تعارف کی محتاج نہیں ہے۔ ۲۱ھ میں مدینہ المنورہ میں پیدا ہوئے۔ حضرت علی رضی اللہ عنہ کے سایہ عاطفت میں پلے بڑھے۔ ۱۱۰ھ میں بصرہ میں وفات پائی۔ الاعلام ۲۲۶/۲۔

اللہ تعالیٰ کی اطاعت کی اللہ تبارک وتعالیٰ نے اس اطاعت والے کام میں اس سے دوستی کی اور جس نے اس کی نافرمانی کی تو اس سے بقدر معصیت دشمنی کی۔

اور دعائے قنوت میں وارد ہے:

"اِنَّهٗ لَا یَذِلُّ مَنْ وَّالَیْتَ وَلَا یَعِزُّ مَنْ عَادَیْتَ"

"کہ جس کی اے اللہ تو نے سرپرستی کی وہ رسوا نہیں ہوسکتا، اور جس سے تو نے دشمنی کی وہ عزت نہیں پا سکتا۔"

اور برائی کے دلدادہ جو اپنی نظر نیچی نہیں رکھتے اور اپنی شرمگاہوں کی حفاظت نہیں کرتے ہیں اللہ تبارک وتعالیٰ نے ان اوصافِ حمیدہ کے برعکس بیماریوں سے موصوف کیا ہے یعنی مستی میں مبتلا اندھے پن کا شکار، جاہل بے عقل، گمراہ، بغض وحسد میں گھرے ہوئے اور بصیرت سے محروم، مزید برآں انہیں خبیث، فاسق، حد سے تجاوز کرنے والا، اپنے اوپر زیادتی کرنے والا مفسد و مجرم، برائی کا شکار، اور فحاشی میں مبتلا وغیرہ قرار دیا ہے۔ چنانچہ قوم لوط سے متعلق ارشاد ہے:

﴿بَلْ اَنْتُمْ قَوْمٌ تَجْهَلُوْنَ﴾ (النمل:۵۵)

"تم لوگ پرلے درجے کے جاہل ہو۔"

اس آیت مبارکہ میں انہیں جاہل کہا گیا۔ انہیں سے متعلق ایک اور جگہ ارشاد فرمایا:

﴿لَعَمْرُكَ اِنَّهُمْ لَفِیْ سَكْرَتِهِمْ یَعْمَهُوْنَ﴾ (الحجر:۷۲)

"تیری عمر کی قسم وہ لوگ اپنے نشے میں مدہوش ہیں"

ایک اور جگہ ارشاد ہے:

﴿اَلَیْسَ مِنْکُمْ رَجُلٌ رَّشِیْدٌ﴾ (ہود:۷۸)

کیا تم میں ایک بھی نیک چلن نہیں ہے

ایک اور جگہ ارشاد ہے:

﴿فَطَمَسْنَاۤ اَعْیُنَھُمْ﴾ (القمر:۳۷)[1]

"تو ہم نے انکی آنکھیں بے نور کر دیں۔"

ایک دوسری جگہ ارشاد ہے:

﴿بَلْ اَنْتُمْ قَوْمٌ مُّسْرِفُوْنَ﴾ (الاعراف:۸۱)

"تم لوگ حد سے تجاوز کرنے والے ہو"

ایک اور جگہ ارشاد ہے:

﴿فَانْظُرْ کَیْفَ کَانَ عَاقِبَةُ الْمُجْرِمِیْنَ﴾ (الاعراف:۸۴)

"پھر دیکھو مجرموں کا انجام کیسا ہوا۔"

نیز ارشاد ہے: ﴿اِنَّھُمْ کَانُوْا قَوْمَ سَوْءٍ فٰسِقِیْنَ﴾ (الانبیاء:۷۴)

"وہ لوگ بہت ہی برے اور نافرمان تھے۔"

نیز ارشاد ہے:

....

[1] یہاں پر اصل کتاب میں غلطی سے سورہ یٰس کی آیت نقل ہوئی تھی جس کا تعلق قوم لوط سے نہیں ہے اس لئے اسے حذف کر کے سورہ القمر کی آیت درج کر دی گئی۔

﴿اَئِنَّكُمْ لَتَأْتُوْنَ الرِّجَالَ وَتَقْطَعُوْنَ السَّبِيْلَ وَتَأْتُوْنَ فِیْ نَادِیْكُمُ الْمُنْكَرَ﴾ (العنكبوت:۲۹)

"کیا تم لوگ شہوت رانی کے لئے عورتوں کو چھوڑ کر مردوں کے پاس جاتے ہو، رہزنی کرتے ہو اور اپنی مجلسوں میں برا کام کرتے ہو۔"

اسی سورت میں آگے فرمایا کہ:

﴿اَنْصُرْنِیْ عَلَی الْقَوْمِ الْمُفْسِدِیْنَ﴾ (العنكبوت:۳۰)

"اے میرے رب شریر لوگوں کے مقابلے میں میری مدد فرما۔"

اور آگے فرمایا:

﴿بِمَا كَانُوْا یَفْسُقُوْنَ﴾ (العنكبوت:۳٤)

"یعنی ان کے اوپر آسمان سے آفت اتاری گئی ان کی نافرمانی کی پاداش میں۔"

اور ارشاد ہے:

﴿مُسَوَّمَةً عِنْدَ رَبِّكَ لِلْمُسْرِفِیْنَ﴾ (الذاريات:۳٤)

"حد سے گذرنے والوں کے لئے وہ پتھر تیرے رب کی طرف سے نشان زدہ تھے۔"

بلکہ کبھی کبھی ایسا بھی ہوتا ہے کہ نظر بازی اور لونڈے بازی شرک تک پہنچا دیتی ہے۔ جیسا کہ ارشاد باری تعالیٰ ہے:

﴿وَمِنَ النَّاسِ مَن یَتَّخِذُ مِن دُوْنِ اللّٰهِ اَندَاداً یُحِبُّوْنَهُمْ كَحُبِّ اللّٰهِ﴾ (البقرة:۱٦٥)

"اور کچھ لوگ ایسے بھی ہیں جو اللہ کے سوا اس کا ہمسر اور مدِ مقابل بنا لیتے ہیں اور ان سے ایسی محبت کرتے ہیں جیسے کہ اللہ سے محبت کرنی چاہئے۔"

اس لئے صورتوں کا عشق اسی وقت پیدا ہوتا ہے جب دل میں اللہ کی محبت اور ایمان کمزور پڑ جائے۔ چنانچہ اللہ تبارک وتعالیٰ نے ایسی والہانہ محبت کا ذکر قرآن عزیز میں یا تو عزیزِ مصر کی مشرکہ بیوی کے تعلق سے کیا ہے یا پھر لوط علیہ السلام کی مشرک قوم کے تعلق سے کیا ہے۔ اور یہ حقیقت ہے کہ پختہ عاشق اپنے معشوق کا غلام، اس کے اشارے پر ناچنے والا، اور دل سے اس کا اسیر ہو جاتا ہے۔

والله اعلم
مقصود الحسن الفیضی
۱۴۱۴/۱۲/۸ھ
جمعیۃ الغاط الخیریہ۔